REDUÇÃO DE EXPOSIÇÃO
AO RISCO CAMBIAL

Universidade Estadual de Campinas

Reitor
Antonio José de Almeida Meirelles

Coordenadora Geral da Universidade
Maria Luiza Moretti

Conselho Editorial

Presidente
Edwiges Maria Morato

Carlos Raul Etulain – Cicero Romão Resende de Araujo
Dirce Djanira Pacheco e Zan – Frederico Augusto Garcia Fernandes
Iara Beleli – Marco Aurélio Cremasco – Pedro Cunha de Holanda
Sávio Machado Cavalcante – Verónica Andrea González-López

Natalia Dus Poiatti

REDUÇÃO DE EXPOSIÇÃO
AO RISCO CAMBIAL

EditoraUNICAMP

FICHA CATALOGRÁFICA ELABORADA PELO
SISTEMA DE BIBLIOTECAS DA UNICAMP
DIVISÃO DE TRATAMENTO DA INFORMAÇÃO
Bibliotecária: Gardênia Garcia Benossi – CRB-8ª / 8644

P754r Poiatti, Natalia Dus.
Redução de exposição ao risco cambial / Natalia Dus Poiatti. –
Campinas, SP : Editora da Unicamp, 2024.

1. Taxas de câmbio. 2. Derivativos (Finanças). 3. Administração de risco financeiro. 4. Empresas - Finanças - Estudo de casos. 5. Volatilidade (Finanças). I. Título.

CDD – 332.4
– 332.6457
– 332.601
– 658.15
– 658.155

ISBN 978-85-268-1716-6

Copyright © by Natalia Dus Poiatti
Copyright © 2024 by Editora da Unicamp

Opiniões, hipóteses e conclusões ou recomendações expressas neste livro são de responsabilidade da autora e não necessariamente refletem a visão da Editora da Unicamp.

Direitos reservados e protegidos pela lei 9.610 de 19.2.1998.
É proibida a reprodução total ou parcial sem autorização,
por escrito, dos detentores dos direitos.

Foi feito o depósito legal.

Direitos reservados a

Editora da Unicamp
Rua Sérgio Buarque de Holanda, 421 – 3º andar
Campus Unicamp
CEP 13083-859 – Campinas – SP – Brasil
Tel./Fax: (19) 3521-7718 / 7728
www.editoraunicamp.com.br – vendas@editora.unicamp.br

AGRADECIMENTOS

Gostaria de agradecer aos meus alunos do Instituto de Relações Internacionais (IRI) da USP, pelo interesse no assunto e pela demanda de um curso sobre finanças internacionais, que culminaram na organização deste livro; aos funcionários do IRI, pelos incentivos constantes, em especial à Maria Cristina da Costa. Aos meus filhos e marido, pela motivação e estímulos diários; à conjunção de energias e forças que me guiou; aos meus pais, por terem me ensinado a importância de buscar, a cada dia, o crescimento e o desenvolvimento próprios e de todos que nos cercam.

Meus agradecimentos se estendem a todos que contribuíram diretamente para o desenvolvimento deste livro: aos meus colegas que possibilitaram o oferecimento de um curso sobre finanças internacionais através do Centro de Negociações Internacionais da USP; e aos alunos monitores Wallace Fonseca, Letícia Miranda, Henrique Cabrera, Vitor Landim e Gabriel Lopes, todos bolsistas pelo Programa Unificado de Bolsas da USP. Este livro foi desenvolvido como material didático de apoio ao curso, dada a falta de obras similares no mercado.

À minha família, com destaque para José Roberto, Filipe, Manuela, Leonel, e, sobretudo, à minha queridíssima mãe Vera, que me ensinou a urgência de viver com propósito, construir conhecimento e deixar contribuições concretas, jovens e eternas para o mundo, tal como ela mesma, eternamente jovem, nos presenteou, onde quer que seu espírito esteja.

SUMÁRIO

Índice de gráficos 9

Apresentação 11

1 – Mercado cambial e taxas de câmbio 15
1.1 Introdução 15
    1.1.1 Classificação das operações cambiais 18
    1.1.2 Cotações diretas e indiretas 19
    1.1.3 Cotações de compra e venda de divisas 20
1.2 Teorias de determinação da taxa de câmbio 20
    1.2.1 Modelos de determinação da taxa de câmbio no longo prazo 20
    1.2.2 Modelos de determinação da taxa de câmbio no curto prazo 28
1.3 Poder de explicação das oscilações cambiais pelos modelos cambiais tradicionais 31
1.4 Impactos reais das oscilações cambiais 33
    1.4.1 Oscilações cambiais e os desequilíbrios nas contas externas 34
    1.4.2 Oscilações cambiais e a fuga de capital produtivo 36
1.5 Derivativos cambiais e a proteção contra oscilações cambiais 38

2 – Contrato cambial a termo 41
2.1 Introdução 41
2.2 Determinação das taxas a termo 43
2.3 O valor do contrato *forward* 47
2.4 Exemplos 52
    2.4.1 Exemplo 1: exportação de bens 52
    2.4.2 Exemplo 2 52

3 – Contrato cambial futuro 59
3.1 Introdução 59
3.2 Funcionamento dos contratos futuros 61
    3.2.1 Formação de preço 61
    3.2.2 Marking to market 62
    3.2.3 Margem inicial e margem de manutenção 62
3.3 Comparação com contratos a termo 63
3.4 Contrato futuro: um exemplo de funcionamento 64

4 - **Swap cambial** 69
  4.1 Swap cambial: definição 69
  4.2 Vantagens e desvantagens do *swap* cambial 71
  4.3 Exemplos: funcionamento do *swap* cambial 72
    4.3.1 Exemplo 1 72
    4.3.2 Exemplo 2 76

5 - **Opções cambiais** 79
  5.1 Introdução 79
  5.2 Opções cambiais de compra (*exchange call options*) 81
    5.2.1 Valor da opção de compra para o titular do contrato 82
    5.2.2 Valor da opção de compra para o vendedor do contrato 83
  5.3 Opções cambiais de venda (*exchange put options*) 84
    5.3.1 Valor da opção de venda para o titular do contrato 84
    5.3.2 Valor da opção de venda para o vendedor do contrato 85
  5.4 Aspectos adicionais das opções 86

6 - **Hedge cambial e a redução da exposição cambial** 91
  6.1 Introdução 91
  6.2 Exposição cambial econômica contratual 96
  6.3 Exposição cambial econômica operacional 100
  6.4 Exposição cambial contábil 106

7 - **Hedge cambial: apresentação de instrumentos adicionais e estudos de caso** 109
  7.1 Adiantamento sobre o contrato de câmbio e aplicação
     em um CDB prefixado 109
  7.2 Trava prefixada de exportação 114
  7.3 Estudo de caso: *hedge* de uma empresa exportadora de soja 115
    7.3.1 Introdução 115
    *7.3.2 Adiantamento sobre o contrato de câmbio e aplicação
    em um CDB prefixado* 115
    7.3.3 Trava prefixada de exportação 118
    7.3.4 Non-deliverable forward (NDF) 120
    7.3.5 Comparação de estratégias de hedge *cambial* 122

8 - **Riscos do *hedge* especulativo** 125
  8.1 Introdução 125
  8.2 Contextualização 126
  8.3 Cenário macroeconômico 126
  8.4 Estudos de caso: Aracruz Celulose e Sadia 129
    8.4.1 Target forward 131
    8.4.2 Empréstimos bi-indexados à variação cambial 135
    8.4.3 Non-deliverable forward (NDF) 135
    8.4.4 Swap de rentabilidade do dólar pela rentabilidade do CDI 136

Referências bibliográficas 141

ÍNDICE DE GRÁFICOS

Capítulo 1
Gráfico 1.1: Desvios da PPC relativa entre o real e o dólar americano
Gráfico 1.2: Saldo da conta-corrente (em dólares correntes)
Gráfico 1.3: Taxa de câmbio real/dólar americano (média mensal)
Gráfico 1.4: Investimento estrangeiro direto líquido (R$ bilhões)
Gráfico 1.5: Relevância do Brasil no MSCI Emerging Markets Index

Capítulo 2
Gráfico 2.1: Linha do Tempo
Gráfico 2.2: *Payoff* de V_{seller} para uma posição vendida em dólar
Gráfico 2.3: *Payoff* de V_{buyer} para uma posição comprada em dólar

Capítulo 5
Gráfico 5.1: *Payoff* de compra de uma opção de compra no vencimento contratual
Gráfico 5.2: *Payoff* de venda de uma opção de compra no vencimento contratual
Gráfico 5.3: *Payoff* de compra de uma opção de venda no vencimento contratual
Gráfico 5.4: *Payoff* de venda de uma opção de venda no vencimento contratual

Capítulo 6
Gráfico 6.1: Reservas internacionais e dívida externa bruta
Gráfico 6.2: Fluxo de caixa como uma função da taxa de câmbio

Capítulo 7
Gráfico 7.1: Comparação de estratégias de *hedge* cambial

Capítulo 8
Gráfico 8.1: Trajetória da taxa de câmbio nominal R$/US$

APRESENTAÇÃO

As taxas de câmbio são extremamente voláteis e têm impactos reais na economia. A volatilidade cambial afeta os retornos e a volatilidade dos fluxos financeiros internacionais, além dos custos de produtos domésticos em relação a produtos estrangeiros e, portanto, o comércio internacional. Afeta também a taxa de inflação doméstica, as decisões de política monetária, o crescimento e o bem-estar socioeconômico. Com o objetivo de expor os principais instrumentos de redução à exposição ao risco cambial, este livro traz conceitos, instrumentos financeiros e estudos de caso da economia brasileira.

A exposição ao risco cambial pode ser gerida através de instrumentos financeiros adequados para a proteção ou *hedge* cambial, como derivativos cambiais e contratação de ativos ou passivos em moeda estrangeira, de forma a tornar previsíveis os fluxos financeiros futuros quando convertidos para a moeda doméstica e, dessa forma, reduzir o impacto de oscilações cambiais sobre os fluxos financeiros futuros.

Este livro apresenta uma visão teórica completa da exposição ao risco cambial que permeia a economia internacional, de forma simples e didática e sem a necessidade de conhecimentos prévios, bem como estudos de caso da economia brasileira, que ilustram as vantagens do uso adequado dos instrumentos de *hedge* cambial e os riscos financeiros decorrentes do uso indevido desses instrumentos, por meio de uma linguagem adequada para universitários interessados em finanças e para pessoas que já estão inseridas no mercado de trabalho. Após anos de estudo sobre finanças internacionais, que se iniciaram durante o meu programa de PhD na London Business School, consegui desenvolver um projeto de ensino sobre *hedge* cambial, de extensão universitária e aberto à comunidade; contei com o apoio do Centro de Estudos de Negociações Internacionais da USP e de alunos monitores do Programa Unificado de Bolsas da USP para o oferecimento do curso, que culminou na elaboração deste livro, tendo em vista a falta de bibliografia substituta.

Diferentemente de outras obras presentes no mercado, este livro apresenta uma abordagem acadêmica e didática sobre o tema, trazendo inicialmente uma explicação teórica sobre as taxas de câmbio, os seus modelos de determinação e a dificuldade de previsão, pelos modelos existentes, de taxas cambiais futuras. Além disso, mostra que as oscilações cambiais, em grande parte imprevisíveis, têm impactos econômicos reais e relevantes para a sociedade. Dessa forma, a obra contextualiza teoricamente a importância do entendimento e da utilização de derivativos cambiais para a proteção contra oscilações cambiais, ilustrando o uso adequado ou indevido dos derivativos cambiais através de estudos de caso de grandes empresas brasileiras, como a Aracruz Celulose e a Sadia. Utilizaremos este livro como uma das referências para os cursos de economia e finanças internacionais oferecidos nas universidades brasileiras.

O livro está organizado da seguinte forma: o capítulo 1 apresenta os conceitos introdutórios e importantes para o entendimento dos derivativos cambiais; o capítulo 2 apresenta os contratos a termo; o capítulo 3, os contratos futuros; o capítulo 4 caracteriza os contratos de *swap* cambial, e o capítulo 5, as opções cambiais. No capítulo 6, é exibida a metodologia para a mensuração da exposição cambial para a escolha ótima de instrumentos de *hedge* cambial; no capítulo 7, é apresentado o uso adequado de derivativos cambiais para redução da exposição cambial; em contraposição, no capítulo 8 são apresentados os riscos decorrentes do uso indevido, ilustrados com estudos de caso de empresas brasileiras que sofreram perdas financeiras exorbitantes e que colocaram as suas continuidades em risco.

1
MERCADO CAMBIAL E TAXAS DE CÂMBIO

1.1 INTRODUÇÃO

Câmbio é a operação de troca de moeda de um país pela moeda de outro país. A troca é uma operação em que um agente recebe um valor em uma moeda e entrega ao requisitante o mesmo valor em outra moeda, convertido através da taxa de câmbio acordada. Dessa forma, existe um preço, denominado *taxa de câmbio nominal*, que determina a razão de troca entre as duas moedas. Neste livro, para fluidez de argumentação, o termo *taxa de câmbio*, quando não sucedido do termo *nominal* ou outro, refere-se à taxa de câmbio nominal.

> *Taxa de câmbio nominal* é a taxa pela qual se pode trocar a moeda de um país por outra moeda ou, equivalentemente, o preço da moeda estrangeira em relação à moeda doméstica.

Por exemplo, a taxa de câmbio nominal do real em relação ao dólar refere-se ao preço em reais de um dólar. Se for de 5,00 reais por dólar neste instante, significa que o preço de 1 dólar é 5,00 reais, ou que são necessários 5,00 reais para comprar 1 dólar. E ela também determina o preço para a troca inversa ou o preço em dólares do real: pode-se utilizar 1 dólar para comprar 5,00 reais.

A moeda de um país é um *ativo financeiro*. Como outros ativos, ela confere ao seu detentor a função de reserva de valor, possibilitando a transferência de poder de compra do presente para o futuro. Assim, um agente econômico pode escolher poupar uma parcela de sua renda mensal através da aquisição de moeda estrangeira. Em um momento futuro, esse mesmo agente poderá vender a moeda estrangeira adquirida anteriormente e gastar o montante obtido com bens e serviços desejados. Dessa forma, o preço dessa moeda em relação à moeda doméstica, a taxa de câmbio nominal, depende dos benefícios que a moeda estrangeira pode propiciar a seu detentor, medidos através do poder de compra dessa moeda quando exercido por meio da aquisição de bens e serviços no momento escolhido por seu detentor. Por isso, a taxa de câmbio nominal de hoje depende do valor futuro esperado para a moeda.

A taxa de câmbio nominal permite comparar preços de um mesmo bem ou serviço em diferentes países, através da conversão desses preços para uma mesma moeda ou unidade de conta. Por exemplo, se o preço de um Big Mac no Brasil em janeiro de 2019 fosse R$ 16,90 e US$ 5,58 nos EUA e a taxa de câmbio fosse de R$ 3,72 por dólar, então o preço do Big Mac nos EUA seria de R$ 20,76, mais caro do que o mesmo produto no Brasil. Dessa forma, se o Big Mac fosse não perecível, livre de custos de transporte, barreiras ao livre-comércio e fricções de mercado, os consumidores brasileiros prefeririam consumir o Big Mac brasileiro naquele momento.

Assim, a taxa de câmbio permite comparar preços entre países, e é um importante determinante do fluxo de exportações e importações e do saldo da balança comercial de uma economia. Mesmo que a economia real (englobando a tecnologia, a dotação e os custos de fatores de produção, a renda real, a demanda local) e o preço final de um produto nos EUA esteja fixo em dólares entre dois momentos, se a taxa de câmbio variar, o preço desse produto, quando convertido para reais, também será alterado.

Por exemplo, se o preço do Big Mac americano continuasse sendo US$ 5,58 em 2020 e a taxa de câmbio real/dólar se alterasse para R$ 2,96, o preço do Big Mac americano passaria a ser R$ 16,52. Nesse caso, o consumidor brasileiro preferiria importar o Big Mac americano a consumir o nacional, caso não houvesse qualquer custo adicional para importação ou perecibilidade do produto. Nota-se, pois, que a taxa de câmbio é um importante determinante do fluxo de exportações e importações entre países.

> *Apreciação/depreciação da moeda doméstica* é a queda/o aumento do preço da moeda estrangeira em unidades da moeda doméstica.

A *apreciação da moeda doméstica* consiste na queda do preço da moeda estrangeira quando cotada na moeda local. Em nosso exemplo, se a taxa de câmbio real/dólar passasse de R$ 3,72 para R$ 2,96, haveria uma apreciação do real em relação ao dólar. Esse movimento cambial tornaria os bens e serviços estrangeiros relativamente mais baratos, portanto, aumentaria o fluxo de importações e reduziria o fluxo de exportações brasileiras.

Por sua vez, quando há uma *depreciação da moeda doméstica*, equivalente ao aumento no preço da moeda estrangeira quando cotada na moeda local, os bens e serviços estrangeiros ficam relativamente mais caros, o que reduz o fluxo de importações e aumenta o fluxo de exportações brasileiras.

No Brasil, a taxa de câmbio é regulada, principalmente, pelas forças do mercado através do regime de câmbio flutuante, vigente desde 1999. No sistema de câmbio flutuante, os bancos centrais têm autonomia para controle de política monetária e escolha das taxas de inflação almejadas. Entretanto, o Banco Central do Brasil ainda pode intervir no mercado cambial em casos considerados necessários, por exemplo, para conter flutuações cambiais bruscas. Essa intervenção pode ocorrer através da compra ou da venda de moeda estrangeira no mercado cambial. Por isso, o regime cambial brasileiro é denominado "flutuante sujo", em contraposição àquele puramente flutuante, em que a autoridade monetária se compromete a não intervir no mercado cambial.

1.1.1 Classificação das operações cambiais

As operações cambiais podem ser classificadas segundo os *players* ou agentes envolvidos ou segundo o prazo de liquidação.

Segundo os agentes envolvidos:

- As *operações de caráter primário ou de varejo* se referem ao recebimento ou à entrega de moeda estrangeira no país, ou seja, aos fluxos de entrada e saída de moeda estrangeira a partir de agentes primários domésticos ou residentes, como turistas, exportadores e importadores, em contratos firmados com agentes não residentes. Nesse universo, englobam-se tanto agentes privados, como famílias e empresas, quanto agentes públicos, como representantes do governo.

- As *operações de caráter secundário ou interbancárias* correspondem às transações realizadas entre as instituições integrantes do sistema financeiro em suas negociações de moeda estrangeira provenientes de operações de caráter primário. Neste caso, não há aumento ou diminuição do volume de moeda estrangeira no país.

Segundo o tempo de liquidação dos contratos, temos:

- As *operações cambiais* spot *ou à vista*, aquelas em que a taxa de troca entre as duas moedas é acordada hoje para a troca das moedas hoje ou no prazo máximo de liquidação de dois dias úteis.

- As *operações cambiais futuras*, aquelas em que a taxa de troca entre as duas moedas é acordada hoje para a troca das moedas em algum momento vindouro preestabelecido no contrato e superior a dois dias úteis.

Portanto, nas operações cambiais à vista e futuras realizadas hoje, as taxas de troca entre as duas moedas são determinadas hoje. Porém, nas operações à vista, a troca das moedas ocorre no presente, ao passo que nas operações futuras a troca ocorre somente em um momento futuro determinado pelo contrato.

1.1.2 Cotações diretas e indiretas

Diz-se que as cotações estão na sua forma direta quando fornecem o preço de uma unidade da moeda estrangeira em unidades da moeda doméstica. No caso brasileiro, a taxa de câmbio direta, portanto, é expressa quando uma unidade da moeda estrangeira equivale a determinado número de unidades de reais.

Por exemplo, no dia 13 de fevereiro de 2020, a taxa de câmbio direta entre o dólar americano e o real brasileiro alcançou o valor de R$ 4,34 por dólar, ou seja, 1 unidade de dólar podia ser comprada por R$ 4,34.

Já a taxa de câmbio indireta fornece o preço de uma unidade da moeda doméstica em unidades da moeda estrangeira. No dia 13 de fevereiro de 2020, a taxa de câmbio direta entre o dólar americano e o real brasileiro atingiu o patamar de US$ 1 para R$ 4,34, o que, após a divisão de US$ 1 e R$ 4,34 pelo mesmo valor, 4,34, equivale à taxa de câmbio indireta de US$ 0,23 por R$ 1. Isso significa que, naquela data, podia-se comprar 1 unidade de real pagando-se 0,23 dólares.

É importante ressaltar que as taxas de câmbio diretas e indiretas fornecem a mesma informação, qual seja, a taxa de troca da moeda estrangeira pela moeda doméstica. A diferença entre elas reside apenas na forma de expressão da taxa cambial. Dizer que 4,34 reais podem ser trocados por 1 dólar é o equivalente a dizer que 1 real pode ser trocado por 0,23 dólar. Isso porque a taxa de câmbio deve ser a mesma, independentemente da quantidade de moeda que está sendo negociada. Para entender a equivalência, basta dividir ou multiplicar as unidades de moeda doméstica e estrangeira pelo mesmo valor.

Portanto, se sabemos que a taxa direta é R$ 4,34 por US$ 1, então dividimos as unidades de moeda doméstica e estrangeira pelo mesmo denominador, 4,34, e obtemos a mesma informação de troca, porém expressa de outra forma: a taxa indireta de R$ 1,00 por US$ 0,23.

Da mesma forma, se sabemos que a taxa indireta é R$ 1,00 por US$ 0,23, então, multiplicando-se ambos os valores por 4,34, obtemos a taxa direta de R$ 4,34 por US$ 1.

1.1.3 Cotações de compra e venda de divisas

Qualquer pessoa física ou jurídica pode realizar operações no mercado cambial, para as quais existem taxas que se diferenciam para a compra e a venda da seguinte forma:

A *taxa de venda* ou *oferta* (*ask*, em inglês) é a quantia mínima que os agentes autorizados cobram para vender uma unidade da moeda estrangeira ao requisitante da operação cambial.

A *taxa de compra* (*bid*, em inglês), por sua vez, é o valor máximo que os agentes autorizados pagam ao requisitante por uma unidade da moeda estrangeira.

O *spread* equivale à diferença entre as taxas de compra e venda, sendo destinado a cobrir despesas do agente autorizado.

1.2 TEORIAS DE DETERMINAÇÃO DA TAXA DE CÂMBIO

1.2.1 Modelos de determinação da taxa de câmbio no longo prazo

Nesta seção, trataremos dos modelos de determinação da taxa de câmbio no longo prazo; já na próxima subseção, trataremos dos modelos de curto prazo. Nos modelos de curto prazo, o nível de preços, a alocação de fatores produtivos e o nível de produção são considerados fixos, dados de forma exógena ou não determinados pelo modelo. Essa rigidez de preços no curto prazo pode ser justificada por fatores como a presença de contratos nominais de longo prazo, informação imperfeita e custos de reajustamento que retardam o ajuste de preços nos mercados de bens e serviços. Em contraposição, nos modelos de longo prazo, há tempo suficiente para que o nível geral de preços se ajuste e leve a economia ao nível de produção associado ao pleno emprego dos fatores de produção.

Em mercados livres de custos de transporte, barreiras ao livre--comércio e outras fricções, a *lei do preço único* diz que um mesmo bem deve ser vendido pelo mesmo preço, quando expresso em termos da mesma moeda.

A *lei do preço único* pode ser expressa da seguinte forma:

$$P_{jt} = E_t \times P_{jt}^* \qquad \text{(lei do preço único)}$$

onde E_t é a taxa de câmbio no momento t analisado, P_{jt} é o preço do bem j em moeda nacional e P_{jt}^* é o preço do bem j em moeda estrangeira no mesmo momento.

Em nosso exemplo, se o preço de um Big Mac no Brasil em janeiro de 2019 fosse R$ 16,90 e US$ 5,58 nos EUA, e se os custos de transporte, barreiras ao livre-comércio e outras fricções de mercado fossem insignificantes, a taxa de câmbio deveria ser de aproximadamente R$ 3,029 por dólar, de acordo com a lei do preço único. Nesse caso, o preço do Big Mac seria de R$ 16,90 tanto no Brasil quanto nos EUA. Em caso de diferença de preços, nas condições ideais, as pessoas comprariam o produto onde seu preço fosse menor e revenderiam onde fosse maior até que os preços nos dois mercados se equalizassem pelos mecanismos de oferta e demanda. Os pressupostos da lei do preço único, dados pela ausência de custos de transporte, barreiras ao livre-comércio e outras fricções de mercado, têm maior aproximação empírica com bens de fácil comercialização, como ouro, prata e outras *commodities*, do que com bens de difícil transporte e segmentação de mercado, como automóveis.

A *Teoria da Paridade do Poder de Compra*, abreviada por PPC, diz que a cesta representativa do consumo de um país deve ter o mesmo preço da cesta representativa do consumo de outro país, quando expresso em termos da mesma moeda. Em outras palavras, ela prediz que o custo de vida médio, expresso através do nível geral de preços, é o mesmo para dois países quaisquer quando esse custo é cotado em termos da mesma moeda.

A PPC absoluta pode ser escrita da seguinte forma:

$$P_t = E_t \times P_t^* \qquad \text{(PPC absoluta)}$$

onde E_t é a taxa de câmbio no momento t analisado, P_t é o preço da cesta representativa do consumo doméstico ou nível geral de preços doméstico e P_t^* é o preço da cesta representativa do consumo estrangeiro ou o nível geral de preços estrangeiro.

Dessa forma, a PPC prediz que a taxa de câmbio deve se ajustar a fim de manter a igualdade dos níveis gerais de preços dos dois países, quando medidos em unidades da mesma moeda. Dessa forma, uma política monetária expansionista, que elevasse o nível geral de preços domésticos, estaria associada a uma depreciação cambial, caso o nível geral de preços estrangeiro estivesse constante.

Intuitivamente, quando os bens e serviços de um país apresentam crescimento de preços relativamente maior do que de outros países, os agentes econômicos diminuem a demanda por eles, o que, por consequência, leva a moeda do país a se depreciar. O inverso também é verdadeiro.

Muitos modelos de determinação cambial, com enfoque no equilíbrio do mercado monetário, assumem a validade da PPC no longo prazo. Além disso, esses modelos predizem que o nível geral de preços se ajusta no longo prazo de forma a manter o mercado monetário em equilíbrio, o que é equivalente a manter a igualdade entre demanda e oferta reais de moeda:

$$M_t/P_t = L(R_t, Y_t) \quad \text{(equilíbrio monetário)}$$

A oferta real de moeda é dada pelo lado esquerdo da equação, M_t/P_t, em que M_t representa a oferta nominal de moeda determinada pelo banco central ou pela autoridade monetária do país. O poder de compra real é obtido deflacionando-se ou dividindo-se M_t pelo nível geral de preços P_t. A demanda real de moeda é dada pelo lado direito da equação, $L(R_t, Y_t)$, em que $L(*)$ é uma função que depende negativamente da taxa básica de juros R_t e positivamente do nível de produção Y_t. Quanto maior a taxa de juros, tudo o mais mantido constante, maior o retorno dos ativos que rendem juros, maior a demanda por esses ativos, e menor a demanda por moeda, que não rende juros. Quando o nível de produção real aumenta, tudo o mais se mantendo constante, maior a demanda por moeda para comprar esses bens e serviços adicionais que estão disponíveis na economia. O equilíbrio no mercado monetário é dado pela igualdade entre demanda e oferta reais de moeda. Esse equilíbrio define o nível de preços em cada país.

Combinando-se a PPC absoluta e o equilíbrio no mercado monetário, tem-se que a taxa de câmbio, que pela PPC é função dos níveis gerais de preços dos dois países, varia apenas em função de alterações no mercado monetário dos dois países, que definem o nível geral de preços nesses países. Por exemplo, uma expansão monetária doméstica, tudo o mais mantido constante, levaria ao aumento do nível geral de preços domésticos e à depreciação da moeda doméstica no longo prazo, caso o mercado monetário estrangeiro se mantivesse inalterado.

Empiricamente, evidenciam-se grandes desvios das taxas cambiais previstas pela PPC. As principais razões são as diferenças entre os padrões de consumo entre os países, implicando divergências dos produtos e serviços que compõem a cesta representativa de consumo. Intuitivamente, não se esperaria que as leis de mercado levassem à convergência de preços de bens ou cestas divergentes. Além disso, mesmo quando se comparam países com cestas similares, custos de transporte, barreiras ao livre-comércio e outras fricções de mercado também levam a desvios significativos das taxas cambiais previstas pela PPC.

Tendo em vista as falhas de previsão cambial da PPC absoluta, os economistas sugeriram a definição da PPC relativa, que prediz que, apesar de os níves gerais de preços de dois países não serem equivalentes, mudanças no nível geral de preços de dois países devem ser equivalentes, quando esses preços são cotados na mesma moeda. A PPC relativa é dada por:

$$P_{t+1}/P_t = E_{t+1}\, P^*_{t+1}/E_t\, P^*_t \qquad \text{(PPC Relativa)}$$

Uma aproximação para essa relação é dada por:

$$(P_{t+1} - P_t)/P_t - (P^*_{t+1} - P^*_t)/P^*_t \approx (E_{t+1} - E_t)/E_t$$

(PPC Relativa)

Do lado esquerdo da equação, temos o diferencial entre a inflação doméstica e a inflação estrangeira e, do lado direito, temos a variação percentual da taxa de câmbio entre a moeda doméstica e a moeda estrangeira.

O gráfico 1.1, a seguir, foi construído com dados da variação percentual da taxa de câmbio R$/US$ em relação ao ano anterior e dos diferenciais da inflação brasileira em relação à inflação americana, de 1995 a 2018.

GRÁFICO 1.1: DESVIOS DA PPC RELATIVA ENTRE
O REAL E O DÓLAR AMERICANO

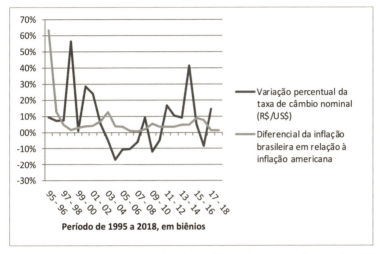

Fonte: Elaborado pela autora. Dados de World Development Indicators (World Bank, 2020).

O gráfico mostra os desvios significativos da PPC relativa, no curto prazo, entre a moeda brasileira e a moeda americana. Se a PPC relativa fosse válida, então as duas curvas do gráfico deveriam ser aproximadamente equivalentes, visto que, nesse caso, a variação percentual da taxa de câmbio real/dólar seria próxima ao diferencial da inflação brasileira em relação à inflação americana. As comparações de dados entre diferentes países mostram que a PPC relativa apresenta grandes desvios no curto prazo, mas que tendem a se reduzir no longo prazo, em um intervalo de 3 a 6 anos.[1] Dessa forma, variações cambiais têm impactos reais na economia, impactando as demandas relativas pelos produtos domésticos e estrangeiros, visto que não são acompanhadas por variações nos índices de preços dos dois países ditadas pela lei da paridade do poder de compra.

[1] Abuaf & Jorion, 1990, pp. 157-174.

Considerando-se as falhas empíricas dos modelos de determinação cambial com enfoque no equilíbrio monetário e na paridade do poder de compra[2] e tendo em vista a importância da economia real para a determinação cambial,[3,4] desenvolveu-se o Modelo Geral de Determinação Cambial (MGDC)[5] no longo prazo.

O MGDC define a taxa de câmbio real como a razão entre os níveis gerais de preços dos dois países, quando medidos na mesma moeda, sendo dada por:

$$q_t = E_t P_t^*/P_t \qquad \text{(taxa de câmbio real)}$$

Essa equação pode ser reescrita da seguinte forma:

$$E_t = q_t P_t/P_t^* \qquad \text{(equilíbrio cambial em MGDC)}$$

Dessa forma, no MGDC, a taxa de câmbio nominal não é função apenas dos níveis gerais de preços dos dois países: oscilações na taxa de câmbio real q_t também são importantes para a determinação da taxa de câmbio nominal E_t.

A taxa de câmbio real, por sua vez, é a taxa que iguala a demanda relativa internacional pela produção agregada dos dois países à oferta agregada de pleno emprego relativa dos dois países:

$$(Y_t/Y_t^*)^D = Y_{PE}/Y_{PE}^* \qquad \text{(equilíbrio no mercado de bens)}$$

A demanda relativa internacional pela produção agregada dos dois países, o lado esquerdo da equação, é uma função dos preços relativos nesses países. Quanto maior $E_t P_t^*/E_t$, maior a taxa de câmbio real, maior o preço relativo dos produtos importados e, tudo o mais constante, maior a demanda relativa internacional pela produção doméstica em relação aos produtos importados. Já a oferta relativa

---

[2] Dornbusch, 1980, pp. 143-206.
[3] Bruno, 1976, pp. 566-577.
[4] Mussa, 1984, pp. 13-78.
[5] Krugman *et al.*, 2012, pp. 403-409.

internacional de pleno emprego dos dois países é dada pela alocação de pleno emprego de todos os fatores de produção e não depende da taxa de câmbio real.

Nesse modelo, o aumento da demanda relativa internacional pela produção doméstica por motivos não relacionados a mudanças nos preços, como um aumento da preferência pelos produtos domésticos, tudo o mais mantido constante, leva ao aumento dos preços relativos dos produtos domésticos ou à queda da taxa de câmbio real, também chamada de apreciação real da moeda doméstica, ao passo que o aumento da oferta agregada doméstica relativa torna os bens domésticos relativamente mais abundantes e menos onerosos, levando à depreciação real da sua moeda.

Por exemplo, o esquema de corrupção em grandes empresas brasileiras evidenciado pela Operação Lava Jato e a punição envolvida mostraram que as nossas empresas devem abolir esquemas de corrupção e investir em incrementos de produtividade para ganhar competitividade e aumento de valor de mercado. Se os ganhos de produtividade resultantes levassem ao aumento da oferta agregada doméstica relativa no longo prazo, isso poderia levar à depreciação real do câmbio no longo prazo. Ao mesmo tempo, se a punição à corrupção instaurada fosse eficaz em reduzir a corrupção em relação a países que têm a mesma pauta de exportação, isso poderia levar ao aumento da demanda relativa mundial por produtos brasileiros e a uma apreciação real do câmbio. O efeito total na taxa de câmbio real dependeria da importância relativa do aumento da oferta doméstica e da demanda relativa por produtos domésticos.

De acordo com o MGDC, tanto alterações no mercado monetário que impactem o nível geral de preços quanto alterações no mercado real que impactem a taxa de câmbio real são importantes para determinar a taxa de câmbio nominal no longo prazo.

1.2.2 Modelos de determinação da taxa de câmbio no curto prazo

A principal diferença entre os modelos de determinação da taxa de câmbio de curto prazo e os modelos de longo prazo é a presença de rigidez de preços de curto prazo. De acordo com esse pressuposto, os preços não se ajustam facilmente no curto prazo para manter os mercados em equilíbrio. Empiricamente, essa rigidez ocorre devido a prazos para reajuste de preços estabelecidos por contratos de trabalho, informação imperfeita sobre a demanda agregada e custos de reajustamento. Por consequência, essa rigidez de preços de curto prazo faz com que o equilíbrio nos mercados ocorra através de ajustes em outras variáveis do modelo.

De acordo com os modelos cambiais de curto prazo, a taxa de câmbio de curto prazo deve ser consistente com o equilíbrio no mercado de bens e serviços e de ativos. No mercado de bens e serviços, a demanda por bens domésticos D_t é composta por gastos com consumo C_t, investimentos produtivos I_t, gastos do governo G_t e exportações menos importações ou exportações líquidas $EX_t - IM_t$:

$$D_t = C_t + I_t + G_t + EX_t - IM_t \quad \text{(demanda por bens)}$$

As exportações líquidas dependem da relação entre preços de produtos importados e domésticos, ou seja, da taxa de câmbio real. Quanto maior o valor da taxa de câmbio real, mais custosos ficam os produtos importados e maior a demanda por produtos domésticos. Por sua vez, o equilíbrio no mercado de bens domésticos ocorre quando a demanda por bens é equivalente à oferta de bens domésticos.

$$D_t = Y_t \quad \text{(equilíbrio no mercado de bens)}$$

Dessa forma, o aumento da taxa de câmbio real leva ao aumento da oferta de bens e serviços domésticos no curto prazo, até que essa oferta seja equivalente à demanda superior por produtos domésticos.

Por sua vez, a taxa de câmbio real é uma função da taxa de câmbio nominal. A taxa de câmbio nominal deve ser compatível com o equilíbrio no mercado de ativos. Para simplificar, considere primeiramente um mercado financeiro composto apenas por títulos públicos domésticos e estrangeiros livres de risco. Nesse caso, se a taxa de juros paga aos detentores de títulos públicos domésticos subir para um patamar superior à taxa de juros internacional, haverá uma fuga de capitais internacionais em sentido favorável à compra de títulos públicos nacionais e à venda de títulos públicos internacionais. Essa fuga aumentará a demanda relativa pela moeda nacional, levando à sua apreciação. A apreciação, por sua vez, torna mais cara a compra de títulos domésticos denominados na moeda doméstica e ocorrerá até que a taxa de retorno dos títulos domésticos e a de títulos estrangeiros sejam equivalentes, em termos esperados, condição de equilíbrio no mercado de títulos. Podemos expressar esse equilíbrio da seguinte forma:

$$(1 + r_t) = (1 + r_t^*) E_{t+1}^e / E_t$$

(equilíbrio no mercado de títulos)

O retorno para o investimento de 1 real em títulos domésticos é dado pelo lado esquerdo da equação, em que r_t é a taxa de juros paga pelos títulos públicos domésticos para o detentor do título entre o período atual t e o próximo período $t + 1$. O retorno para o investimento de 1 real em títulos estrangeiros é dado pelo lado direito da equação, em que r_t^* é a taxa de juros paga pelos títulos públicos estrangeiros para o detentor do título entre o período atual t e o próximo período $t + 1$, E_t é a taxa de câmbio atual e E_{t+1}^e é a taxa de câmbio esperada para o próximo período.

O investidor converte 1 real hoje em $1/E_t$ dólares, que são investidos nos títulos estrangeiros. No próximo período $t + 1$ o investidor obtém $(1 + r_t^*)/E_t$ dólares, que valem hoje, em reais,

$(1 + r_t^*) E_{t+1}^e / E_t$. Levando-se em consideração o desconhecimento sobre a taxa de câmbio futura E_{t+1}, sabemos hoje apenas o retorno esperado, calculado considerando-se o valor esperado da taxa de câmbio para o próximo período. Dessa forma, mesmo que os títulos públicos domésticos e estrangeiros sejam livres de risco, o investimento em ativos estrangeiros sofre inerentemente o risco das oscilações cambiais.

No mercado financeiro composto não somente por títulos públicos domésticos e estrangeiros como também por ações domésticas e estrangeiras, os investidores internacionais maximizam o retorno de sua carteira global por unidade de risco, carteira esta composta por ativos domésticos e estrangeiros. Dado determinado nível de risco, quando uma parcela maior de ativos domésticos aumenta o retorno total da carteira ótima global, ou seja, quando os ativos domésticos ficam mais atraentes, os investidores internacionalmente aumentam a demanda por ativos domésticos. Esse deslocamento da demanda para ativos domésticos ocasiona a apreciação da moeda nacional. Essa apreciação, por sua vez, torna os ativos estrangeiros mais baratos e aumenta a demanda por esses ativos. Em equilíbrio, a oferta de ativos internacionalmente deve ser equivalente à demanda por esses ativos.

A atratividade dos ativos domésticos, por sua vez, depende do mercado monetário doméstico, em que a taxa de juros é definida por uma regra de Taylor, como função do nível de produção em relação ao nível de produto potencial e do nível de inflação em relação à meta inflacionária. Por exemplo, dado um determinado nível de inflação, quando a economia entra em recessão, o Comitê de Política Monetária do Banco Central do Brasil (Copom) reduz a taxa de juros doméstica, o que reduz a taxa de retorno dos títulos públicos domésticos, mas tende a aumentar o nível de produção e o retorno no mercado acionário, o que leva à redefinição da carteira ótima global.

Inversamente, dado um determinado nível de produção, quando a inflação aumenta em relação à meta, o Copom aumenta a taxa de juros doméstica, o que aumenta a taxa de retorno dos títulos públicos domésticos, mas tende a reduzir o nível de produção e o retorno no mercado acionário doméstico. Esses dois fatores também levam à redefinição da carteira ótima global.

1.3 PODER DE EXPLICAÇÃO DAS OSCILAÇÕES CAMBIAIS PELOS MODELOS CAMBIAIS TRADICIONAIS

Empiricamente, os modelos cambiais tradicionais têm baixo poder de previsão das oscilações cambiais, principalmente no curto prazo. Os modelos estruturais referenciais de preços flexíveis e de preços rígidos produzem erros significativos de previsão em um horizonte de um a doze meses. Além disso, os modelos estruturais considerados não têm um poder de previsão melhor do que um modelo simples de série de tempo chamado *random-walk*, em que o valor da taxa de câmbio de qualquer período seria equivalente ao seu valor no período imediatamente anterior, adicionado a um choque aleatório.[6]

Posteriormente, as falhas empíricas dos modelos teóricos em macroeconomia internacional foram denominadas "*the six major puzzles in international macroeconomics*", e a sexta falha seria o baixo desempenho na previsão da taxa de câmbio, denominado "*the Meese--Rogoff forecasting puzzle*".[7]

Recentemente, a pesquisa na área de macrofinanças trouxe luz às possíveis causas desse baixo desempenho. Retornos cambiais de curto prazo estariam associados ao volume de transações, ao passo que os

---

[6] Meese & Rogoff, 1983, pp. 3-24.
[7] Obstfeld & Rogoff, 2000, pp. 339-390.

fundamentos macroeconômicos estariam associados aos retornos de longo prazo.[8] A falta de distinção entre choques cambiais transitórios e permanentes seria uma justificativa para a *performance* empírica ruim de modelos cambiais.

As dinâmicas cambiais de curto prazo estariam também associadas a fundamentos macroeconômicos.[9] Notícias macroeconômicas definidas como diferenças entre os valores das variáveis macroeconômicas anunciadas e esperadas explicam os movimentos cambiais diários, e notícias ruins têm mais impacto do que notícias boas. De acordo com a evidência empírica,[10] os impactos de notícias são maiores em períodos de maior incerteza no mercado e quando há ocorrência de grandes choques negativos.

Adicionalmente, grande parte do volume de transações diárias e intradiárias no mercado cambial seria uma função das notícias macroeconômicas. Os fundamentos macroeconômicos têm um mecanismo de transmissão cambial além daqueles presentes nos modelos macroeconômicos, via volume de transmissões diárias, o qual explicaria ao menos a metade dos impactos macroeconômicos nas taxas de câmbio.[11]

Em um modelo de determinação cambial baseada em imperfeições nos mercados financeiros e em expectativas racionais, um desequilíbrio financeiro global que requer que os investidores demandem mais ativos de um determinado país leva à depreciação da moeda desse país em equilíbrio.[12] Essa depreciação leva a uma apreciação futura esperada dessa moeda, aumentando o retorno esperado dessa moeda para compensar os investidores pelo risco incorrido pelo investimento nessa moeda, tendo em vista a

[8] Froot & Ramadorai, 2005, pp. 1.535-1.566.
[9] Andersen *et al.*, 2003, pp. 38-62.
[10] Ehrmann & Fratzscher, 2005, pp. 317-341.
[11] Evans & Lyons, 2008, pp. 26-50.
[12] Gabaix & Maggiori, 2015, pp. 1.369-1.420.

capacidade limitada dos investidores de suportar riscos para absorver o desequilíbrio global. Dessa forma, a depreciação cambial cria incentivos para investidores absorverem desequilíbrios globais. Esse arcabouço teórico explica falhas dos modelos de expectativas racionais através da incorporação de imperfeições nos mercados financeiros.

As falhas empíricas dos modelos de expectativas racionais podem ser explicadas por modelos comportamentais em que os agentes usam regras simples de previsão. Os agentes decidem mudar de regra de previsão através da comparação do desempenho *ex-post* dos ganhos cambiais relacionados a diferentes regras.[13]

Apesar da melhoria do poder de explicação dos modelos tradicionais através da inclusão de fluxos de capitais internacionais, volume de transações cambiais e imperfeições de mercado em modelos de expectativas racionais, ou através da consideração de modelos comportamentais, as oscilações cambiais de curto prazo são apenas parcialmente previsíveis.

Além disso, vimos que a paridade do poder de compra não tem respaldo empírico, o que implica que variações cambiais não são totalmente compensadas por oscilações nos níveis gerais de preços. Dessa forma, o risco cambial, apenas parcialmente previsível, impacta a demanda relativa por bens domésticos e estrangeiros e tem impactos reais na economia, o que motivará o estudo de instrumentos financeiros para a proteção contra as oscilações cambiais.

1.4 IMPACTOS REAIS DAS OSCILAÇÕES CAMBIAIS

De acordo com os defensores do sistema de câmbio flutuante, esse sistema não permitiria desequilíbrios significativos nas contas

---

[13] De Grauwe & Grimaldi, 2018.

externas devido à própria ação especulativa no mercado cambial. Movimentos especulativos fariam com que países com déficit significativo na conta-corrente e aumento do endividamento externo sofressem uma fuga de capitais e depreciação cambial, o que impulsionaria suas exportações líquidas e possibilitaria o pagamento de suas dívidas externas. Dessa forma, as livres forças de mercado, através de especulações cambiais, levariam à estabilização do sistema.

No entanto, tem-se que, empiricamente, esse sistema mostrou algumas imperfeições em seu funcionamento.[14] Por exemplo, o sistema de taxas de câmbio flutuante não mitigou os impactos reais da política monetária na economia, levando a desvios significativos da PPC. Em outras palavras, isso significa que variações de política monetária e de taxas de inflação entre países não são completamente compensadas por movimentos nas taxas de câmbio entre eles.

Na prática, isso significa que mudanças de política monetária em um país geralmente levam a alterações na taxa de câmbio real e variações nos seus níveis de produção em relação ao resto do mundo. Dessa forma, o sistema de taxas flutuantes permitiu impactos reais de alterações da política monetária na economia, principalmente no curto prazo, em que os desvios da PPC se mostraram maiores.

1.4.1 *Oscilações cambiais e os desequilíbrios nas contas externas*

O sistema de câmbio flutuante permitiu desequilíbrios significativos nas contas externas dos países. O gráfico 1.2 mostra o saldo da conta-corrente para Brasil, China, EUA, Europa, Índia e Rússia no período de 1999 a 2019. Nota-se que alguns países acumularam, nesse período, saldos positivos ou negativos que não foram revertidos através do sistema de câmbio flutuante. Os EUA, por exemplo, acumularam, nesse período, déficits consecutivos na conta-corrente que não foram

---

[14] Krugman, 1990, pp. 159-196.

automaticamente revertidos. A área do euro também tem acumulado superávits significativos nos últimos anos, assim como a China, que, entretanto, tem forte atuação estatal na determinação do câmbio. Já o Brasil apresentou um saldo acumulado ligeiramente negativo no período.

GRÁFICO 1.2: SALDO DA CONTA-CORRENTE (EM DÓLARES CORRENTES)

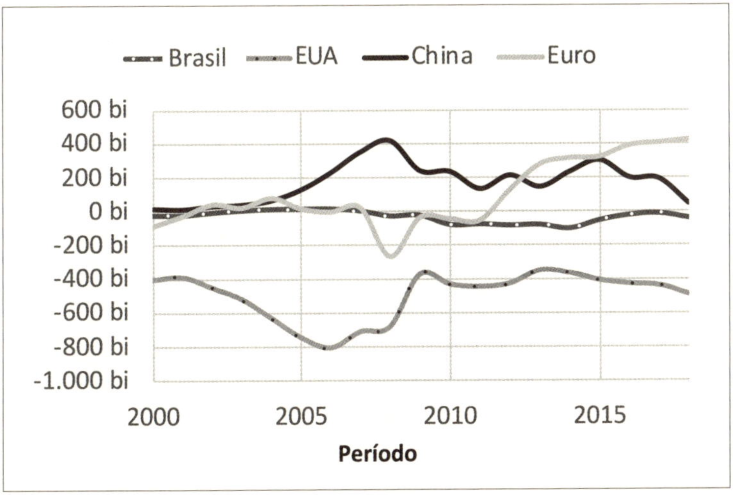

Fonte: Elaborado pela autora. Dados de World Development Indicators (World Bank, 2020).

A evidência empírica sugere que a volatilidade da taxa de câmbio real impacta negativamente o crescimento apenas para países com baixo nível de desenvolvimento do mercado financeiro.[15] Entretanto, uma taxa de câmbio real mais depreciada do que a taxa de equilíbrio estimula o crescimento econômico de longo prazo, ao passo que uma taxa mais apreciada prejudica esse crescimento. Esses efeitos são maiores para países emergentes e em desenvolvimento.[16]

---

[15] Aghion, 2009, pp. 494-513.
[16] Vieira & MacDonald, 2012, pp. 433-456.

1.4.2 Oscilações cambiais e a fuga de capital produtivo

O gráfico 1.3 mostra as oscilações cambiais do real em relação ao dólar americano desde 2000 até maio de 2020. Nota-se a desvalorização exacerbada durante a crise econômica causada pela covid-19, desvalorização essa que levou a taxa de câmbio de um patamar de 4,05 reais por dólar no início de 2020 para 5,90 em maio de 2020.

GRÁFICO 1.3: TAXA DE CÂMBIO REAL/
DÓLAR AMERICANO (MÉDIA MENSAL)

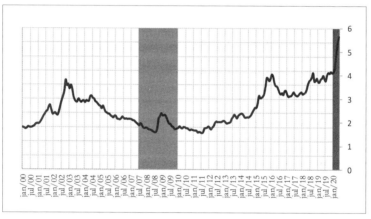

Fonte: Elaborado pela autora. Dados do Banco Central do Brasil (2020).

As moedas de outros países emergentes também passaram por uma desvalorização significativa, de janeiro a maio de 2020. O principal fator causador dessa desvalorização entre os emergentes foi o aumento da aversão do investidor internacional ao risco, levando à migração do capital de países emergentes para investimentos mais seguros, como títulos americanos e europeus. Em finanças, esse fenômeno é chamado de *flight-to-quality*, sendo recorrente durante crises econômicas internacionais.[17]

---

[17] Caballero & Krishnamurthy, 2008, pp. 2.195-2.230.

> *Flight-to-quality* é a fuga de capitais de ativos mais arriscados, como ações e títulos privados, para ativos menos arriscados, como títulos públicos de países desenvolvidos, durante crises econômicas internacionais. Pode ocorrer devido ao aumento da aversão, no investidor, ao risco, em momentos de crise, aliada ao efeito manada ou *herding behavior*.

Entretanto, o real foi uma das moedas que mais se desvalorizou diante do dólar entre as moedas de países emergentes. Isso pode ser explicado pela ineficácia das políticas de isolamento social, pelo crescimento acelerado do número de infectados por covid-19, pelas discordâncias políticas entre Legislativo e Executivo sobre os gastos fiscais e sobre as medidas econômico-sanitárias para conter a crise.

O gráfico 1.4 mostra que a fuga de capitais do Brasil ocorreu não somente em investimentos de carteira como também em investimentos estrangeiros diretos, os quais são mais diretamente alocados para o setor produtivo e são importantes para o crescimento econômico.

GRÁFICO 1.4: INVESTIMENTO ESTRANGEIRO
DIRETO LÍQUIDO (R$ BILHÕES)

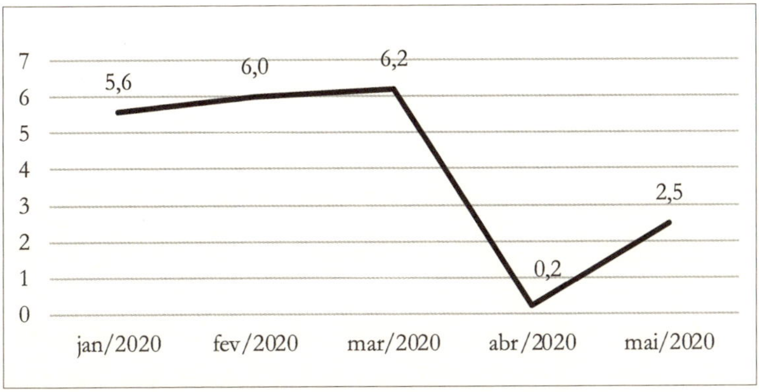

jan/2020	fev/2020	mar/2020	abr/2020	mai/2020
5,6	6,0	6,2	0,2	2,5

Fonte: Elaborado pela autora. Dados do Banco Central do Brasil (2020).

Por sua vez, concomitantemente à desvalorização, houve uma redução do peso do Brasil nos índices de investimento de países emergentes, como o MSCI Emerging Markets Index. Dessa forma, houve uma queda da entrada de capitais estrangeiros no país via índices de emergentes negociados internacionalmente (gráfico 1.5).

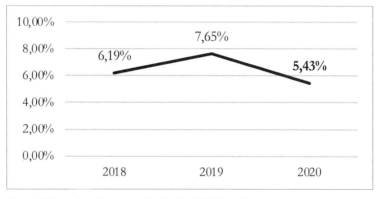

GRÁFICO 1.5: RELEVÂNCIA DO BRASIL NO MSCI EMERGING MARKETS INDEX

Fonte: Elaborado pela autora. Dados de MSCI (2021).

1.5 DERIVATIVOS CAMBIAIS E A PROTEÇÃO CONTRA OSCILAÇÕES CAMBIAIS

Tendo em vista os impactos de oscilações cambiais na economia real e a imprevisibilidade de parte das oscilações cambiais, principalmente no curto prazo, torna-se recomendável que os agentes econômicos se protejam contra essas oscilações através de instrumentos de *hedge* cambial.

Em português, a palavra *hedge* significa "cobertura". Em finanças, operações de *hedge* são realizadas a fim de reduzir as oscilações de fluxos de caixa causadas por alterações de preços de ativos. Em particular, contratos de *hedge* cambial servem para proteger os fluxos de caixa de uma empresa ou indivíduo contra oscilações das taxas de câmbio.

> *Derivativos* são contratos financeiros cujos valores são dependentes do preço de um ativo de referência. *Derivativos cambiais* têm como ativo de referência a taxa de câmbio entre duas moedas.

Os principais contratos utilizados para *hedge* cambial são os derivativos cambiais. Nos próximos capítulos, abordaremos os principais derivativos cambiais utilizados para a realização de *hedge* cambial. No 6, mostraremos como mensurar a exposição a risco cambial e definir o montante adequado de investimento em instrumentos de *hedge* cambial. No 7, estudaremos exemplos de como utilizar adequadamente os instrumentos de *hedge* cambial. No 8, finalizaremos abordando os riscos advindos do investimento especulativo em instrumentos de *hedge* cambial.

2
CONTRATO CAMBIAL A TERMO

2.1 INTRODUÇÃO

No mercado cambial, é possível contratar hoje a compra ou a venda de moeda estrangeira para entrega em uma data futura a uma taxa de câmbio preestabelecida ou fixada hoje. Essas taxas são denominadas taxas *forward*, ou taxas a termo. A diferença principal desse recurso em relação à negociação cambial no mercado *spot* ou à vista reside na liquidação futura da operação através da entrega futura da moeda estrangeira ao preço ou à taxa acordados previamente.

No gráfico 2.1, podemos visualizar a diferença entre um contrato cambial à vista e um contrato cambial a termo. Em ambos os casos, o contrato é fixado no momento atual (t = 0). Porém, no contrato à vista a entrega da moeda estrangeira e o seu pagamento (contrato de compra) e recebimento (contrato de venda) em moeda local ocorre no momento atual, ao passo que no contrato a termo a entrega e o seu respectivo pagamento/recebimento na moeda local ocorrem no momento futuro (t = T).

GRÁFICO 2.1: LINHA DO TEMPO

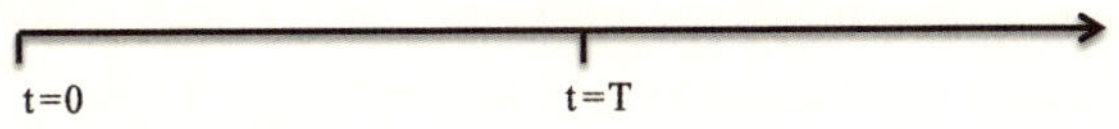

Fonte: Elaborado pela autora.

Na prática, a entrega da moeda estrangeira pode demorar até dois dias úteis após a assinatura do contrato na operação cambial à vista, ao passo que, na operação cambial a termo, ocorrerá no dia t = T se esse for um dia útil. Caso contrário, ocorrerá geralmente no próximo dia útil após t = T.

O *forward contract*, ou contrato a termo, é um contrato financeiro utilizado frequentemente para *hedge* cambial, visto que, diferentemente do contrato futuro, pode ser customizado para diferentes valores contratuais e datas de entrega. Podemos defini-lo da seguinte forma:

> *Forward contract* ou *contrato a termo* é um acordo personalizado de balcão (OTC, *over-the-counter*) entre duas partes para comprar (ou vender) um ativo por um preço pré-definido hoje para efetivação da operação em uma data futura, através do pagamento (ou recebimento) do valor acordado pelo contratante de compra (ou venda) da moeda estrangeira e do recebimento (ou transferência) do montante de moeda estrangeira acordado contratualmente.

Na maioria dos contratos a termo, a data de entrega da moeda estrangeira não ultrapassa 90 dias, sendo raras as entregas em período superior a um ano da data de assinatura do contrato.

Um contrato de balcão geralmente é um contrato personalizado bilateral, entre o contratante e a contraparte, cujas cláusulas são definidas para satisfazer os interesses de ambas as partes, as quais podem ser, por exemplo, duas instituições financeiras ou um cliente e uma instituição financeira. Diz-se "personalizado" pois podemos adaptá-lo a qualquer tipo de moeda, volume e data de entrega, ou seja, ele é moldado de acordo com o interesse do contratante. Por esse motivo, é um derivativo com baixa liquidez, pois, para venda, necessita-se de um comprador com as mesmas necessidades do primeiro contratante. A baixa liquidez implica um custo de transação relativamente elevado em relação a contratos futuros padronizados e negociados em bolsas de valores.

Para auxiliar o entendimento do tópico, assumiremos no decorrer deste livro que os mercados financeiros funcionam perfeitamente, sem custos de transação. Chamaremos as taxas *forward* ou a termo, para um contrato firmado no período t com liquidação em T, de F_t^T.

2.2 DETERMINAÇÃO DAS TAXAS A TERMO

De acordo com a *Paridade Coberta de Juros*, as taxas *forward* F_t^T devem satisfazer a seguinte equação:

$$F_t^T = E_t \, \frac{1 + r_t^T}{1 + \bar{r}_t^T} \quad \text{(Paridade Coberta de Juros)}$$

Essa equação denota a taxa de câmbio *spot*; r_t^T e $\bar{r}_t^T$ denotam as taxas de juros livres de risco doméstica e estrangeira, respectivamente, para um investimento realizado no período t com maturidade e resgate no período T.

Na prática, tomamos r_t^T e $\bar{r}_t^T$ como as taxas básicas de juros das duas economias, pois investimentos completamente livres de risco são inexistentes. Por exemplo, considere a taxa de câmbio *spot* de 5,38 reais por dólar, a taxa Selic atual de 2,25% ao ano para a economia doméstica e a FED Federal Funds Rate de 0,25% ao ano para a economia americana; nesse caso, a Paridade Coberta de Juros nos diz que a taxa *forward* F_t^T para daqui a um ano deve ser equivalente a:

$$F_t^T = 5,38 \, \frac{1 + 0,0225}{1 + 0,0025} = 5,49$$

Se essa equação fosse válida, significaria que seria possível comprar ou vender dólares para entrega em um ano ao valor de 5,49 reais.

Para entender a derivação da Paridade Coberta de Juros, considere a replicação de um contrato *forward* através de operações no mercado monetário e no mercado cambial à vista. Imagine que tomemos um empréstimo hoje para pagamento em um ano, na maturidade, no valor de um dólar. Considerando-se mercados financeiros perfeitos e ausência de probabilidade de *default*, imagine que possamos calcular o valor presente (*VP*) desse empréstimo em dólar, descontando-o pela taxa de desconto equivalente à taxa básica de juros americana:

$$VP_{US\$} = \frac{1}{1 + \bar{r}_t^T}$$

$$= \frac{1}{1 + 0{,}0025} = 0{,}9975$$

Esse é o valor que tomamos emprestado em dólar no mercado monetário americano e que deveremos pagar no final de um ano, no valor de 1 dólar. Se convertermos esse valor para real no mercado cambial à vista, obtemos o valor de:

$$VP_{R\$} = E_t \frac{1}{1 + \bar{r}_t^T}$$

$$= 5{,}38 \frac{1}{1 + 0{,}0025} = 5{,}37$$

Se aplicarmos esse valor de 5,37 reais no mercado monetário brasileiro à taxa Selic, obteremos o seguinte valor final (*VF*) na maturidade:

$$VF = E_t \frac{1 + r_t^T}{1 + \bar{r}_t^T}$$

$$= 5{,}38 \frac{1 + 0{,}0225}{1 + 0{,}0025} = 5{,}49$$

Esse valor é exatamente o valor que obtemos ao fim de um ano ao vendermos 1 dólar no mercado cambial a termo. A ausência de arbitragem é a condição que leva à igualdade desses valores. Podemos entender melhor essa condição pensando no que ocorreria caso esses valores fossem diferentes. Primeiramente, tome:

$$F_t^T < E_t \frac{1 + r_t^T}{1 + \bar{r}_t^T}$$

Nesse caso, a taxa a termo é inferior ao valor da operação nos mercados monetários doméstico e estrangeiro, combinada com a operação no mercado cambial à vista. Investidores tomarão o máximo de empréstimos possível no valor de 1 dólar no mercado monetário, convertendo a real no mercado cambial à vista e investindo o valor correspondente no mercado brasileiro. Simultaneamente, os investidores venderão esses reais no mercado cambial à taxa a termo, obtendo um valor maior em dólares do que o valor inicialmente emprestado. Essa operação é uma oportunidade de arbitragem.

> Em finanças, uma *oportunidade de arbitragem* consiste em uma operação financeira caracterizada por risco nulo de perda de capital e nenhuma exigência do aporte de capital próprio, porém com ganhos financeiros positivos.

Note que, quando os investidores encontram uma oportunidade de arbitragem, efetuam o máximo possível dessas operações, obtendo ganhos financeiros sem a incorrência de riscos. Esse comportamento automaticamente leva à convergência dos preços nos mercados financeiros e ao fim da oportunidade de arbitragem, visto que o aumento da demanda pelo ativo mais barato ocasiona o aumento de seu preço e a redução da demanda e/ou o aumento da oferta do ativo mais caro leva à redução de seu preço.

Em nosso exemplo, a oportunidade de arbitragem inicial leva ao aumento da oferta de dólares no mercado cambial à vista, ocasionando a apreciação do real no mercado à vista ou uma queda do valor de E_t. Ao mesmo tempo, acarreta um aumento de F_t^T pelo aumento da procura por dólares no mercado cambial a termo. A queda de E_t, combinada com o aumento de F_t^T, nos leva novamente à condição de paridade de juros.

Na prática, há desvios da Paridade Coberta de Juros, visto que um dos pressupostos de sua derivação é a ausência de imperfeições no mercado financeiro. Desvios da Paridade Coberta podem ser explicados por diversas imperfeições, como custos de transações de arbitragem, risco de *default*, legislação discriminatória em relação ao país de origem do capital, risco político ou ainda a mera possibilidade de existência, no futuro, de barreiras aos fluxos de capital entre as nações. De forma geral, podemos agrupar os diversos motivos dados acima na composição do risco-país.

Entretanto, ao incorporarmos essas imperfeições ao modelo, chegamos a desigualdades matemáticas que nos levam a intervalos de valores possíveis para as taxas a termo ao redor da Paridade Coberta de Juros.

> A *Paridade Descoberta de Juros* consiste na equivalência da rentabilidade esperada dos títulos públicos doméstico e estrangeiro; na *Paridade Descoberta*, assume-se o mesmo nível de risco em investimentos em quaisquer títulos.

Se a rentabilidade esperada dos títulos doméstico e estrangeiro for a mesma, o investidor será indiferente em relação à posse dos títulos. Há desvios da Paridade Descoberta de Juros quando ativos denominados em diferentes moedas não são substitutos perfeitos entre si. Esses desvios podem ocorrer pela existência de riscos maiores de investimento em uma economia em relação à outra, como diferentes níveis de risco-país.

Comparando-se os conceitos de paridade coberta e descoberta, vemos que a paridade é coberta quando leva à equivalência de retornos *ex-post*, ao passo que é descoberta quando leva à equivalência de retornos *ex-ante* ou em termos esperados no início do investimento.

A equivalência *ex-ante* não garante a equivalência *ex-post*, na maturidade do investimento. Por exemplo, riscos cambiais podem levar à oscilação dos retornos dos investimentos em diferentes moedas e a diferenças nos retornos dos diferentes títulos *ex-post* mesmo que os retornos *ex-ante* sejam equivalentes.

2.3 O VALOR DO CONTRATO *FORWARD*

Para qualquer instante s, o valor do contrato *forward* $V_{seller}(E_s, s)$ para o investidor que vendeu 1 dólar a termo, ou, no jargão financeiro, que assumiu uma posição vendida em um *short forward contract*, pode ser definido por:

$$V_{seller}(E_s, s) = \frac{F_t^T}{1 + r_s^T} - E_s \frac{1}{1 + \bar{r}_s^T}$$

O vendedor a termo obterá, na maturidade T, o valor da venda de 1 dólar F_t^T, cujo valor presente no momento s é equivalente ao primeiro termo do valor contratual $F_t^T/(1 + r_s^T)$. Ao mesmo tempo, terá de entregar 1 dólar na maturidade, cujo valor presente no momento s é equivalente a $1/(1 + \bar{r}_s^T)$ dólar. Por sua vez, esse valor deve ser convertido para a moeda doméstica através de sua multiplicação pela taxa cambial à vista no momento s, a qual é equivalente a S_s.

Vemos que, no momento em que o contrato é firmado ($s = t$), a Paridade Coberta de Juros leva a um valor da taxa a termo F_t^T que faz com que o valor inicial do contrato seja nulo. Essa afirmação pode ser verificada substituindo-se F_t^T pelo seu valor definido pela Paridade Coberta de Juros, qual seja, $E_t(1 + r_t^T)/(1 + \bar{r}_t^T)$.

Porém, esse valor pode variar posteriormente.

Na maturidade, as taxas de retorno r_T^T e $\bar{r}_T^T$ para investimentos iniciados e resgatados simultaneamente em T devem ser equivalentes a zero. Dessa forma, o valor do contrato *forward* na maturidade para o vendedor do dólar a termo é dado por:

$$V_{seller}(E_T, T) = F_t^T - E_T$$

Esse valor consiste no *payoff* ou resultado do contrato na maturidade para um investidor que vendeu 1 dólar a termo. Na maturidade T, ele receberá o valor em reais da venda *forward* F_t^T, realizando a entrega do dólar, cujo valor naquele momento é de E_T.

O gráfico 2.2 representa o *payoff* do contrato V_{seller} na maturidade para quem tomou uma posição vendida em dólar:

GRÁFICO 2.2: PAYOFF DE V_{SELLER} PARA UMA POSIÇÃO VENDIDA EM DÓLAR

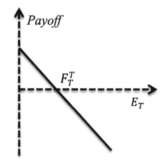

Fonte: Elaborado pela autora.

De acordo com o gráfico, vemos que, no ponto do eixo *x* (horizontal) em que $E_T = F_t^T$, o *payoff* na maturidade é nulo. Nesse ponto, o vendedor do dólar a termo não obtém vantagem ou desvantagem no contrato a termo, visto que o valor de venda F_t^T que firmou no momento *t* se torna exatamente equivalente ao valor *spot* E_T de venda na maturidade.

Já quando $E_T < F_t^T$, o vendedor obtém um *payoff* positivo, visto que recebe o valor da taxa a termo na maturidade, superior ao valor da taxa *spot* E_T naquele momento. O *payoff* para o vendedor é negativo quando a taxa F_t^T que acordou no momento *t* se torna inferior à taxa *spot* S_T na maturidade.

O valor do contrato *forward* $V_{buyer}(E_s, s)$ para o investidor que comprou 1 dólar a termo, ou, no jargão financeiro, assumiu uma posição comprada em um *long forward contract*, pode ser definido por:

$$V_{buyer}(E_s, s) = E_s \frac{1}{1 + \bar{r}_s^T} - \frac{F_t^T}{1 + r_s^T}$$

O comprador do contrato obterá, na maturidade T, 1 dólar, cujo valor presente no momento s é equivalente a $1/(1 + \bar{r}_s^T)$ dólar ou $E_s \, 1/(1 + \bar{r}_s^T)$ real e pagará F_t^T, cujo valor presente no momento s é equivalente a $F_t^T/(1 + r_s^T)$.

Novamente, quando o contrato é firmado ($s = t$), a Paridade Coberta de Juros leva a um valor da taxa a termo F_t^T que faz com que o valor inicial do contrato seja nulo. Visto que as taxas de retorno r_T^T e $\bar{r}_T^T$ para investimentos iniciados e resgatados ao mesmo tempo em T devem ser equivalentes a zero, o valor do contrato *forward* na maturidade para o comprador do dólar a termo é dado por:

$$V_{buyer}(E_T, T) = E_T - F_t^T$$

Esse valor consiste no *payoff* ou resultado do contrato na maturidade para um investidor que comprou 1 dólar a termo. Na maturidade T, ele receberá 1 dólar, cujo valor em reais naquele momento é de E_T, e pagará o valor em reais da compra *forward* F_t^T. O gráfico 2.3 representa o *payoff* do contrato V_{buyer} na maturidade para quem tomou uma posição comprada em dólar.

Assim como no caso do *payoff* de um vendedor a termo, vemos que, no ponto do eixo x em que $E_T = F_t^T$, o *payoff* na maturidade é nulo. Opostamente ao caso de um vendedor, o *payoff* para o comprador do dólar a termo é negativo quando $E_T < F_t^T$, já que este último receberá 1 dólar de valor E_T inferior ao seu custo F_t^T. Para esse investidor, o *payoff* se torna positivo quando a taxa *spot* E_T na maturidade supera o valor de pagamento do dólar F_t^T, acordado no momento em que o contrato foi firmado.

GRÁFICO 2.3: PAYOFF DE V_{BUYER} PARA
UMA POSIÇÃO COMPRADA EM DÓLAR

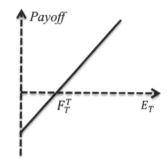

Fonte: Elaborado pela autora.

Muitos contratos a termo são classificados como não entregáveis, sendo chamados de *non-deliverable forwards*. O termo *non-deliverable* se deve ao fato de não ocorrer a troca de moeda estrangeira no vencimento, mas apenas o pagamento do *payoff* ou da diferença do valor entre a taxa cambial corrente no vencimento do contrato e a taxa cambial previamente contratada, multiplicada pelo valor nocional do contrato em favor da parte beneficiada pelo contrato. Ou seja, no vencimento, há apenas a troca de *payoff* entre as partes, em moeda doméstica, com o pagamento correspondente pela parte prejudicada e o recebimento desse mesmo valor pela parte beneficiada.

Por exemplo, em um *non-deliverable forward* para a compra de 100 mil dólares, se a taxa *spot* no vencimento E_T for superior à taxa a termo contratada F_t^T, o comprador receberá um *payoff* equivalente a:

$$V_{buyer}(E_T, T) = 100.000 \ (E_T - F_t^T)$$

Porém, se a taxa *spot* no vencimento E_T for inferior à taxa a termo contratada F_t^T, o comprador deverá pagar esse valor.

De qualquer forma, o contratante de um *non-deliverable forward* para a compra de moeda estrangeira à taxa F_t^T consegue o mesmo resultado obtido por um contratante de um *forward* com entrega física de moeda estrangeira à mesma taxa F_t^T, se combinar o *payoff* do *non-deliverable forward* com a compra da moeda estrangeira no mercado à vista no vencimento. Em nosso exemplo, a equivalência fica evidente, visto que o resultado financeiro total para o comprador será de:

$$Resultado(NDF\ de\ Compra + Compra\ \text{spot}) = V_{buyer}(E_T, T) - 100.000\ (E_T)$$

$$= 100.000\ (E_T - F_t^T) - 100.000\ (E_T)$$

$$= -100.000\ F_t^T$$

Dessa forma, o *non-deliverable forward* para a compra de moeda estrangeira, combinado com a negociação no mercado à vista no vencimento, faz com que o comprador consiga travar a compra à taxa *forward* da mesma forma que na contratação de um *deliverable forward* à mesma taxa *forward* F_t^T.

Da mesma forma, se um vendedor de moeda estrangeira contratar um *non-deliverable forward* para a venda de moeda estrangeira juntamente com a venda de moeda estrangeira no mercado à vista no vencimento, obterá o mesmo resultado financeiro da contratação de um *deliverable forward* para a venda de moeda estrangeira à mesma taxa F_t^T. Considere a venda a termo de 100.000 dólares através de um NDF, combinada com a venda à vista de 100 mil dólares no mercado à vista:

$$Resultado(NDF\ de\ Venda + Venda\ \text{spot}) = V_{seller}(E_T, T) + 100.000\ (E_T)$$

$$= 100.000\ (F_t^T - E_T) + 100.000\ (E_T)$$

$$= 100.000\ F_t^T$$

Portanto, a combinação de um *non-deliverable forward* de venda à taxa F_t^T e a venda no mercado à vista no vencimento leva ao mesmo resultado financeiro de um *deliverable forward* à mesma taxa F_t^T.

2.4 EXEMPLOS

2.4.1 Exemplo 1: exportação de bens

Imagine um exportador brasileiro de laranjas que negociou com um importador americano uma venda para entrega em 12 meses com pagamento em dólares. A taxa de câmbio no futuro é desconhecida, por isso, o exportador desconhece o valor que irá receber em reais.

Se o real se apreciar em relação ao dólar, o exportador receberá menos do que receberia caso pudesse converter os dólares em reais na data de hoje (e vice-versa). Dado que o exportador tem obrigações contraídas na moeda nacional, como pagamento de impostos devidos, do salário de seus trabalhadores e de empréstimos contraídos, torna--se necessário assegurar a quantia que receberá em reais, a fim de que possa honrar os compromissos assumidos.

Depois de avaliar as opções de *hedge* cambial possíveis, o exportador de laranjas pode optar por fixar com uma instituição financeira autorizada a venda de sua receita futura em dólares advinda da exportação de laranjas em troca de reais, convertendo--se os dólares pela taxa *forward* negociada entre o exportador e a instituição financeira. Essa transação possibilita o aumento da previsibilidade do fluxo de caixa sobre o que o exportador receberá em reais no futuro e sobre sua capacidade de honrar os compromissos financeiros anteriormente assumidos.

2.4.2 Exemplo 2

Neste exemplo, avaliaremos opções de financiamento para uma empresa, que tem acesso à tomada de empréstimos, através da emissão de títulos de dívida, em reais, no mercado nacional, ou em dólares, no mercado internacional. A emissão de um título de dívida é realizada quando se deseja obter um montante hoje em troca de pagamentos futuros, que são o valor de face (isto é, o valor que deverá ser pago no vencimento ou na maturidade do título) e os cupons (que são percentuais do valor de face pagos na frequência definida contratualmente).

Geralmente, um indivíduo ou empresa emite um título de dívida quando deseja obter recursos financeiros para arcar com um desembolso atual, mas não tem liquidez presente. Entretanto, o indivíduo deve apresentar probabilidade de geração de recursos no futuro para arcar com os custos da dívida. Quanto maior a probabilidade de geração de renda futura pelo tomador de empréstimo, menor a probabilidade de *default* e menor o pagamento futuro exigido pelo emprestador, o que seria equivalente a um menor custo de dívida para o tomador de empréstimo.

Se o título está sendo negociado *at par*, então o vendedor do título ou tomador do empréstimo receberá exatamente o valor de face como pagamento pelo título hoje. Em troca, deverá pagar os cupons anuais e o valor de face na maturidade. Se os títulos estão sendo negociados *at premium* ou acima do valor de face, o tomador do empréstimo receberá um montante acima do valor de face como pagamento pelo título hoje. Já se os títulos estão sendo negociados *at discount* ou abaixo do valor de face, o tomador do empréstimo receberá hoje um montante inferior ao valor de face como pagamento pelo título.

Um título geralmente é negociado *at premium* quando a sua taxa de cupom é superior à taxa de retorno de um investimento similar no mercado. Nesse caso, há uma compensação para o tomador de empréstimo, visto que pagará uma taxa de cupom superior à taxa de mercado. Essa compensação é expressa pelo recebimento hoje de um valor maior do que o valor de face. Já um título negociado *at discount* tem a sua taxa de cupom inferior à taxa de retorno de um investimento similar no mercado.

Considere que determinada empresa brasileira X irá adquirir determinados ativos produtivos e o seu time de assessoria do banco sente-se confiante em poder fazer duas ofertas para captação de recursos.

Uma alternativa seria emitir título de três anos na moeda doméstica, e a empresa emitiria 100 mil reais em títulos *at par*, com cupons anuais de 10,125% e taxa de R$ 1.750,00 devida à instituição financeira. Nesse caso, a empresa receberia 100 mil reais hoje, pois o título está sendo negociado *at par* ou a valor de face, e pagaria 10,125% sobre esse montante por três anos, além do pagamento do valor de face de 100 mil reais no terceiro ano. Ademais, arcaria com o custo de emissão da dívida de R$ 1.750,00.

A outra opção seria a emissão de título em dólar americano de três anos no valor de face US$ 18.500,00 e 1% *above par*, com um cupom anual de 7% e taxa de emissão de 418 dólares. No caso do título em dólares, a empresa receberia 101% de US$ 18.500,00, visto que o título está sendo negociado 1% acima do valor de face. O valor adicional ao valor de face compensa o tomador de empréstimo pelo custo relativamente alto do pagamento dos cupons devidos. A empresa pagaria cupons de 7% de US$ 18.500,00 por três anos, além do valor de US$ 18.500,00 na maturidade. A partir disto, a diretoria financeira da empresa X precisa escolher a melhor estratégia para emissão da dívida.

Como o segundo título está em moeda estrangeira, o dólar americano, a empresa cotou as seguintes taxas *forward* vigentes para contratos a termo a fim de realizar o *hedge* cambial dos compromissos do título em dólares:

TABELA 2.1: TAXAS *FORWARD*

Ano	0	1	2	3
Forward	5,38	5,2	5,1	5

Fonte: Elaborada pela autora.

Para definirmos a melhor estratégia, calcula-se a TIR (taxa interna de retorno) das duas opções selecionadas pelo banco. A TIR é uma taxa de desconto utilizada, geralmente, para que possamos avaliar os retornos de investimentos. Aqui será aplicada para a identificação da taxa de custo da emissão dos títulos para a empresa. A TIR é a taxa de desconto que faz com que os valores das despesas e investimentos, negativos, e das receitas, positivos, do fluxo de caixa em questão se anulem quando todos os montantes são trazidos a valor presente. Portanto, a TIR é a solução para a seguinte equação:

$$0 = Fluxo_{t=0} + \frac{Fluxo_{t=1}}{(1+TIR)} + \frac{Fluxo_{t=2}}{(1+TIR)^2} + \cdots + \frac{Fluxo_{t=n}}{(1+TIR)^n}$$

Geralmente, o empréstimo envolve um recebimento, ou um fluxo de caixa positivo, para a sua execução, em troca de fluxos de caixa negativos, de pagamento, posteriormente. Essa existência de fluxos positivos e negativos é necessária para que a equação tenha uma solução. Calculadoras financeiras e *softwares* matemáticos possibilitam a solução da equação.

No caso citado, investidores comprarão um título, ou seja, emprestarão dinheiro para a empresa X realizar o investimento produtivo pretendido, e em troca eles receberão uma quantia em dinheiro. A TIR mostra então o rendimento nominal para o investidor e, analogamente, a taxa de custeio do empréstimo para a empresa.

Sendo assim, precisamos encontrar os fluxos de caixa correspondentes a cada um dos títulos.

Um título tem o seguinte funcionamento: em t = 0, há o fluxo causado pela emissão (seu preço) e pelo pagamento de taxas de emissão; de t = 1 até o período imediatamente anterior ao vencimento, há o fluxo referente aos cupons pagos para os detentores do título; e, no vencimento, t = n, há a amortização do principal somada ao último pagamento do cupom.

Dessa forma, para o título em moeda doméstica, o fluxo é dado por:

TABELA 2.2: FLUXO DE CAIXA PARA TÍTULO EMITIDO EM REAIS

TEMPO	0	1	2	3
	Recebimento = Valor-Taxa	Cupons		Cupom + Amortização
FLUXO	98.250,00	-10.125,00	-10.125,00	-110.125,00

Fonte: Elaborada pela autora.

Em t = 0, têm-se o recebimento de 100 mil reais e o pagamento de taxa de R$ 1.750,00. Nos demais períodos, tem-se o pagamento de cupons de R$ 10.125,00 e do valor de face de 100 mil reais. A TIR é a taxa que resolve a seguinte equação:

$$0 = 98250 + \frac{(-10125)}{(1+TIR)} + \frac{(-10125)}{(1+TIR)^2} + \frac{(-110125)}{(1+TIR)^3}$$

Sendo assim, para o título emitido em reais, temos a TIR no valor de 10,84%, que representa a taxa de custeio do empréstimo para a empresa.

Para a segunda opção, faz-se a emissão de US$ 18.500,00 e, com *hedge* em dólar através de contratos a termo, tem-se o seguinte fluxo de caixa:

TABELA 2.3: FLUXO DE CAIXA PARA TÍTULO EMITIDO EM DÓLARES

TEMPO	0	1	2	3
	Recebimento = Preço-Taxa	Cupons		Cupom + Amortização
Fluxo (US$)	18.267,00	-1.295,00	-1.295,00	-19.795,00
Câmbio (R$/US$)	5,38	5,2	5,1	5
Fluxo (R$)	98.276,46	-6.734,00	-6.604,50	-98.975,00

Fonte: Elaborada pela autora.

Em t = 0, tem-se o recebimento de 101% do valor de face de US$ 18.500,00, que equivale a US$ 18.685,00. Subtraindo-se o pagamento da taxa de US$ 418,00, tem-se o valor total de US$ 18.267,00. Para os demais períodos, a empresa tem a despesa de cupons no valor de 7% de US$ 18.500,00, ou US$ 1.295,00, e do valor de face de US$ 18.500,00.

O *hedge* cambial permite que os pagamentos futuros e incertos da empresa, determinados em dólar e sujeitos a oscilações cambiais, se tornem valores certos em reais. Realizando-se o *hedge* dos compromissos da dívida em dólares, a empresa não incorre em risco de arcar com um custo de dívida muito alto no futuro, devido à possível desvalorização da moeda doméstica.

O *hedge* cambial torna possível que a empresa compare os custos de dívidas em diferentes moedas, a fim de escolher a dívida de menor custo. A TIR deve ser a solução de:

$$0 = 98276,46 + \frac{(-6734)}{(1 + TIR)} + \frac{(-6604,50)}{(1 + TIR)^2} + \frac{(-98975)}{(1 + TIR)^3}$$

cujo resultado é uma TIR com valor de 4,86%, inferior à TIR de 10,84% para emissão de título de dívida em reais. Dessa forma, a empresa se beneficia de um custo de emissão de títulos em dólares inferior ao custo da emissão do título em reais, custo esse representado pela combinação de cupons e valor inicial de emissão mais favoráveis. Além disso, a apreciação esperada do real é traduzida em pagamentos futuros em reais inferiores, o que beneficia a empresa. Dessa forma, concluímos que a administração da empresa deve optar pela emissão do título em dólares, tendo em vista a sua menor taxa de custeio representada pela TIR.

3
CONTRATO CAMBIAL FUTURO

3.1 INTRODUÇÃO

Contratos futuros são um tipo de derivativo financeiro no qual duas partes concordam em comercializar determinado ativo para entrega em data futura a um preço específico a ser pago também nessa data. Os contratos futuros são muito parecidos com os contratos a termo em seu funcionamento, porém com tamanho de contrato, moeda e data de entrega padronizados e, portanto, sem possibilidade de customização de acordo com as necessidades do contratante. Devido à padronização, cada definição específica de contrato futuro ganha liquidez ou volume de negociação, inclusive no mercado secundário, tanto para quem deseja fazer *hedge* cambial quanto para outros investidores com o intuito de obter exposição cambial para maximização de retornos financeiros. Dessa forma, apesar de o contratante inicial não poder especificar um contrato para atender exatamente às suas necessidades, como no caso de um contrato a termo, esse contratante ganha flexibilidade em poder revender o contrato futuro mais facilmente, em um mercado mais líquido, antes da maturidade.

O primeiro mercado organizado de futuros iniciou-se em 1710 em Osaka, no Japão;[1] o London Metal Exchange surgiu apenas em 1877, constituindo-se em um mercado de derivativos de metais em Londres, mais formalizado, que possibilitava também trocas físicas de metais.[2] Além disso, no século XIX, surgiu o Chicago Mercantile Exchange,[3] atualmente uma das principais bolsas internacionais de contratos futuros. A criação desses mercados futuros ocorreu num contexto em que os contratos a termo, customizados, apresentavam algumas deficiências, primeiramente por não serem sujeitos às regras das bolsas de valores e, assim, apresentarem maior possibilidade de não ser honrados, e também por não terem um mercado secundário capaz de prover liquidez aos contratantes iniciais.

Criou-se, assim, um mercado para negociação de contratos padronizados em que os contratantes iniciais podiam vender seus contratos e/ou comprar contratos adicionais. "A homogeneidade dos produtos, a transparência e a velocidade das informações e a livre mobilidade de recursos permitem que os preços se ajustem conforme as leis de mercado, ou seja, de acordo com as pressões de oferta e procura."[4] Os principais elementos dos contratos futuros são:
- Objeto de negociação: o ativo cuja oscilação de preços será negociada;
- Cotação: unidade de valor que será atribuída para o objeto de negociação;
- Unidade de negociação: tamanho do contrato;
- Data de vencimento: data de liquidação do contrato; e
- Forma de liquidação: forma pela qual o contrato será liquidado.

---

[1] West, 1999, pp. 2574.
[2] London Metal Exchange, 2023.
[3] Harris, 1970, pp. 49-54.
[4] Busato *et al.*, 2015.

3.2 FUNCIONAMENTO DOS CONTRATOS FUTUROS

Para um contrato futuro, tem-se um contrato entre duas partes, uma com uma posição *short* (a parte que concorda em entregar determinado ativo) e outra com uma posição *long* (quem concorda em receber determinado ativo pagando um determinado preço). O preço deste contrato é representado pelo preço combinado de antemão para a entrega futura dos ativos. Entenderemos agora os seguintes elementos importantes do contrato: formação de preço, *marking to market*, margem inicial e margem de manutenção.

3.2.1 Formação de preço

A taxa *future* de um contrato futuro, ou o preço da moeda estrangeira acordada para a maturidade do contrato, é equivalente à taxa a termo de um contrato com as mesmas especificações. Dessa forma, para um contrato futuro, iniciado em t e com maturidade em T, tem-se que:

$$future_t^T = E_t \frac{1 + r_t^T}{1 + \bar{r}_t^T}$$

Da mesma forma, o valor do contrato futuro é calculado analogamente ao valor do contrato a termo: para um vendedor de moeda estrangeira, tem-se que o valor do contrato futuro é dado por:

$$V_{seller}(E_s, s) = \frac{F_t^T}{1 + r_s^T} - E_s \frac{1}{1 + \bar{r}_s^T}$$

Analogamente, para um comprador de moeda estrangeira, o valor do contrato futuro é dado por:

$$V_{buyer}(E_s, s) = E_s \frac{1}{1 + \bar{r}_s^T} - \frac{F_t^T}{1 + r_s^T}$$

3.2.2 Marking to market

Uma diferença importante dos contratos futuros em relação aos contratos *forward* é a atualização constante dos valores dos contratos nos demonstrativos da empresa, o que é denominado *marking to market*. Por se tratar de um mercado organizado, os valores atualizados de cada contrato são divulgados diariamente e, assim, os detentores podem atualizar os fluxos de caixa de acordo com os valores atualizados de mercado.

3.2.3 Margem inicial e margem de manutenção

Diferentemente do contrato a termo, o contrato futuro exige do contratante o depósito de um montante inicial na bolsa de valores, chamado de *margem inicial*, que serve como garantia em caso de inadimplência contratual.

Margem inicial é o valor exigido do contratante para depósito na bolsa de valores no início do contrato futuro, servindo como garantia em caso de inadimplência contratual.

Essa margem inicial serve para cobrir possíveis perdas de valor do contrato ao longo de sua duração. As perdas diárias relacionadas à posição do contratante são descontadas da margem inicial e levam à redução de seu saldo. Se a perda diária for significativa e levar a um saldo de margem que seja inferior a determinado patamar estabelecido contratualmente, o contratante deve ser chamado para depositar um valor adicional, denominado *margem de manutenção*, para a recomposição do saldo de margem ao patamar da margem inicial. Essa chamada denomina-se *chamada de margem*.

Margem de manutenção se refere ao valor exigido do contratante, para que ele o deposite na bolsa de valores quando as perdas acumuladas pelo contratante levam a um saldo de margem inferior a um patamar mínimo exigido contratualmente. Nesse caso, haverá uma *chamada de margem* para a recomposição do saldo de margem ao patamar da margem inicial.

Assim como a margem inicial, a margem de manutenção serve como garantia contra inadimplência contratual durante o tempo restante de contrato. O valor da margem inicial é calculado de acordo com as expectativas de perdas e ganhos ao longo do contrato. A margem de manutenção surge como um mecanismo de reafirmação da garantia contra inadimplemento se as perdas superarem as expectativas iniciais traduzidas no valor definido para a margem inicial.

3.3 COMPARAÇÃO COM CONTRATOS A TERMO

Resumimos, então, na tabela 3.1 as principais diferenças entre os dois contratos, futuro e a termo, para facilitar sua comparação:

TABELA 3.1: COMPARAÇÃO ENTRE CONTRATOS FUTUROS E A TERMO

Dimensões analisadas	Contratos *forward*	Contratos futuros
Grau de especificidade	Alta	Baixa (padronizados)
Liquidez no mercado secundário	Baixa	Alta
Organização do mercado	Baixa (não há mercado organizado)	Alta (negociados em bolsas de valores)
Contabilização (*Marking to market*)	Não há *marking to market*	Há *marking to market*
Custo contratual	Maior (devido à customização)	Menor

Fonte: Elaborada pela autora.

Os contratos futuros têm algumas vantagens em relação a contratos a termo, como a liquidez, a organização da negociação em bolsas e o menor custo contratual, entretanto, são contratos padronizados, que, quando utilizados para interesse de *hedge*, podem não atender perfeitamente às necessidades do contratante. Deve--se, portanto, analisar se as vantagens do contrato compensam a exposição ao risco resultante da imperfeição do contrato em termos de suas especificações de valor, moeda e maturidade em relação às necessidades do contratante. Para escolher a melhor posição de *hedge*, deve-se avaliar a melhor aproximação de *hedge* possível através de contratos futuros, levando-se em conta as moedas, os tamanhos e as datas de maturidade dos contratos disponíveis.

3.4 CONTRATO FUTURO: UM EXEMPLO DE FUNCIONAMENTO

Suponha que um exportador brasileiro de camisas deverá receber 20.500 dólares por uma venda dali a 10 dias, no dia 2/5/2024. Tendo em vista que o mercado cambial está bastante volátil devido às incertezas sobre os resultados fiscais futuros do governo, ele quer reduzir a sua exposição à variação cambial. Para isso, ele contacta o seu *broker*, que lhe passa o valor de um contrato futuro de dólar e de um minicontrato futuro de dólar, ambos negociados na B3, equivalentes a US$ 50.000,00 e US$ 10.000,00, respectivamente, a um valor de R$ 5,195 por dólar para a venda futura de dólar no dia 1/5/2024. Como o vencimento dos contratos futuros fornecidos pela B3 é no primeiro dia de cada mês, firmando um contrato com maturidade no dia 1/5/2024, o exportador ficará apenas um dia exposto ao risco cambial.

Tendo em vista a necessidade de um *hedge* de valor inferior ao valor do contrato cheio de US$ 50.000,00, o *broker* recomenda-

-lhe a compra de dois minicontratos futuros no valor total de US$ 20.000,00, que lhe garantem a redução da exposição cambial quase totalmente, restando apenas US$ 500,00 a descoberto. O *broker* também lhe passou um valor da margem inicial equivalente a R$ 7.650,00 para cada contrato, o que corresponde a uma margem inicial de R$ 15.300,00 para ambos os contratos. Além disso, o contrato prevê uma chamada de margem para reposição da margem inicial ao valor original de R$ 15.300,00 caso o valor da margem inicial se torne inferior a R$ 13.500,00. O depósito de margem é uma garantia contra *default* contratual.

Resumidamente, temos as seguintes informações importantes para a venda futura de 20 mil dólares:
- Quantidade de contratos: 2 minicontratos futuros de 10 mil dólares;
- Taxa de câmbio futura acordada: R$ 5,195 por dólar;
- Maturidade dos contratos: dia 1/5/2024;
- Margem inicial ou margem de garantia: R$ 7.650,00 para cada contrato, totalizando-se R$ 15.300,00 para ambos os contratos;
- Chamada de margem: para valores de saldo da margem inferiores a R$ 6.750,00, ou R$ 13.500,00 para ambos os contratos.

A tabela 3.2 resume o resultado da operação para o contratante. No dia 22/4/2024, ele fechou o contrato para a venda de 20.000 dólares no dia 1/5/2024 a R$ 5,195 e depositou a margem inicial ou de garantia no valor de R$ 15.300,00.

Devido à marcação a mercado, o resultado da operação é calculado diariamente e o contratante pode fechar a sua posição a qualquer momento, dada a alta liquidez do mercado.

No fechamento do dia 23/4, o dólar subiu para 5,198, o que resultou em (5,198-5,195) multiplicado por 20.000 dólares, ou uma perda de 60 reais. A perda ocorreu porque o contratante fechou um valor de venda de 5,195, inferior à cotação posterior de 5,198. A cada fechamento diário, o resultado do dia é registrado na coluna Ganho/Perda como o valor de fechamento do dia anterior menos o valor de fechamento do dia posterior e multiplicado pelo valor do contrato.

TABELA 3.2: CONTRATO FUTURO PARA VENDA DE DÓLARES

DATA	DÓLAR FUTURO	GANHO/ PERDA	MARGEM	CHAMADA DE MARGEM
22/4/24	5,195		15.300	
23/4/24	5,198	-60	15.240	
24/4/24	5,200	-40	15.200	
25/4/24	5,225	-500	14.700	
26/4/24	4,956	5.380	20.080	
27/4/24	4,930	520	20.600	
28/4/24	5,110	-3.600	17.000	
29/4/24	5,100	200	17.200	
30/4/24	5,000	2.000	19.200	
31/4/24	5,300	-6.000	13.200	2.100
01/5/24	5,150	3.000	18.300	
Total		900		

Fonte: Elaborada pela autora.

Por sua vez, o resultado do dia é somado ao valor do saldo da margem do dia anterior. Por exemplo, no primeiro dia, a perda de 60 reais somada à margem inicial de 15.300 resultou em um saldo de 15.240 reais.

No dia 31/4 houve uma chamada de margem, visto que a subida do dólar de 5,00 para 5,30 resultou em uma perda de 6.000 reais, levando o saldo da margem para 13.200, inferior ao saldo mínimo necessário de 13.500. Essa chamada levou à recomposição da margem para o seu valor inicial.

Na maturidade contratual, o resultado líquido para o contratante foi um ganho de 900 reais. Esse resultado pode ser obtido através da soma total da coluna de ganhos e perdas ou através do cálculo do valor do contrato na maturidade. Da mesma forma que para um contrato a termo, o cálculo do valor do contrato na maturidade para a venda de um dólar é dado por:

$$V_{seller}(E_T, T) = F_t^T - E_T$$

Em nosso caso, tem-se que a taxa futura cotada no dia 1/5 para a venda de dólar no mesmo dia é equivalente à taxa *spot* E_T, R$ 5,150 por dólar. A taxa futura acordada contratualmente F_t^T foi de R$ 5,195 por dólar. Dessa forma, o valor do contrato para a venda de 20.000 dólares, na maturidade, é de:

(R$ 5,195/dólar − R$ 5,150/dólar) × US$ 20.000,00 = R$ 900,00.

Se o valor da taxa cambial *spot* na maturidade fosse superior ao valor de R$ 5,195 acordado contratualmente, o exportador incorreria em uma perda no mercado futuro. De qualquer forma, teria reduzido a sua exposição ao risco cambial, não ficando sujeito ao recebimento de um valor de exportação muito baixo, caso a taxa *spot* na maturidade descesse para um valor inferior a R$ 5,195.

Alguns contratos futuros, como aqueles negociados na B3, não preveem a entrega física de dólares na maturidade do contrato, mas apenas a liquidação financeira contratual, representada pela entrega do valor do contrato na maturidade. Mesmo sem entrega física, o resultado para o contratante é o mesmo se ele, na maturidade, também fechar uma operação de compra ou venda da moeda estrangeira à taxa *spot*.

Em nosso exemplo, se o contratante vender 20.000 dólares à taxa *spot* de 5,150 na maturidade, obtém:

R$ 5,150/dólar × US$ 20.000,00 = R$ 103.000,00

Somando-se esse valor ao resultado de R$ 900,00 obtido em contratos futuros, obtém-se um valor total de R$ 103.900,00 para ambas as operações. Por sua vez, esse resultado é exatamente equivalente à venda de 20 mil dólares à taxa futura de R$ 5,195 por dólar acordada no mercado futuro.

4
SWAP CAMBIAL

4.1 SWAP CAMBIAL: DEFINIÇÃO

A palavra inglesa *swap* se traduz como "troca" ou "permuta". *Swap* cambial é um instrumento derivativo que realiza a troca, entre duas partes, dos fluxos de caixa futuros correspondentes a investimentos financeiros em moedas distintas. Vimos que, quando temos um único fluxo, podemos utilizar um contrato a termo ou um contrato futuro para realizar a conversão de sua moeda original. Porém, quando desejamos trocar a moeda de diversos fluxos, cada um com um prazo distinto, precisamos assinar um contrato a termo diferente para cada prazo. A grande vantagem do *swap* cambial é que, com a assinatura de um único contrato, as contrapartes do contrato podem trocar diversos fluxos de diferentes prazos, quando cada uma delas concorda em trocar os seus fluxos, em uma determinada moeda, pelos fluxos da contraparte, em outra moeda. Para que a troca possa ser realizada, é necessário que o valor presente de ambos os fluxos seja equivalente, quando esses fluxos são mensurados em uma mesma moeda.

Suponha, por exemplo, que uma empresa importadora brasileira, que recebe em reais, tenha realizado um empréstimo em dólares americanos. Se o dólar se apreciar em relação ao real, o empréstimo em termos de reais pode se tornar muito oneroso, o que pode trazer dificuldade financeira para a empresa. Torna-se importante reduzir a exposição ao risco cambial gerado por tal empréstimo. Então, o gerente financeiro da empresa recomendou a troca cambial ou *swap* cambial dos pagamentos futuros em dólar relativos a seu empréstimo por pagamentos em reais relativos a um empréstimo em reais de outra empresa. Por exemplo, uma empresa exportadora com recebimentos futuros em dólar pode desejar trocar os pagamentos futuros relativos a um de seus empréstimos em reais por pagamentos futuros em dólar, caso estes não superem os seus recebimentos futuros também em dólar. Ambas as empresas desejam reduzir a sua exposição ao risco cambial, convertendo os custos de seus empréstimos a serem pagos para a mesma moeda de suas receitas.

O *swap* cambial pode envolver, além da troca de fluxos em distintas moedas, a troca de fluxos definidos através de taxa de juros distintas: fixas ou flutuantes. O *swap* torna possível transformar a taxa de juros flutuante definida sobre o principal de um empréstimo em uma taxa fixa, desde que exista uma contraparte desejando realizar a troca inversa. Essa troca não poderia ser feita com o uso de contratos a termo, por exemplo, visto que os pagamentos de juros flutuantes não são conhecidos previamente.

O contrato de *swap* é uma ferramenta personalizável e flexível, isto é, depende dos objetivos das partes envolvidas, sendo customizado para atender às exigências dos interessados. A definição do contrato envolve vários parâmetros, o que lhe confere alta especificidade. Os parâmetros são dados por:

1. *Valor de Referência:* valor sobre o qual incidem os pagamentos das taxas envolvidas em ambos os contratos cujos fluxos serão trocados.

2. *Taxas sobre o Valor de Referência:* as taxas de ambos os contratos aplicadas sobre o valor de referência definem os valores de ambos os fluxos.

3. *Moedas:* unidades de medidas de ambos os fluxos.
4. *Prazo:* tempo determinado para a troca de fluxos entre ambas as contrapartes do contrato.

O alto grau de especificidade do contrato diminui a sua liquidez, assim como vimos na comparação entre contratos a termo, mais específicos e menos líquidos em relação a contratos futuros. Deve-se pontuar também a existência de dois tipos de agentes envolvidos, o *swap dealer*, aquele que se posiciona em uma das pontas do *swap* até que ele encontre outro agente que queira ser a contraparte, e o *swap broker*, "que identifica e localiza as duas partes que firmam o compromisso no *swap*".[1] No Brasil, o contrato *swap* deve ser obrigatoriamente registrado em sistemas autorizados pelo Bacen e CVM.

4.2 VANTAGENS E DESVANTAGENS DO *SWAP* CAMBIAL

As vantagens do contrato de *swap* cambial podem ser elencadas como:

a) Alta especificidade: o contrato é realizado para atender às necessidades do contratante em termos de definição dos fluxos de troca.

b) Menor custo de *hedge* em relação a contratos a termo e futuros: quando o *swap* é realizado para a troca de diversos fluxos futuros, o *hedge* poderia ser replicado através de assinatura de diversos contratos futuros ou a termo, um para cada fluxo do contrato. Dessa forma, o *swap* tende a reduzir os custos contratuais de *hedge*, já que o contratante pode realizar o *hedge* de vários fluxos firmando um único contrato de *swap*.

---

[1] Busato *et al.*, 2015.

Já as desvantagens podem ser resumidas em:
a) Baixa liquidez: a alta especificidade, apesar de ser uma vantagem por atender às necessidades do contratante, implica a redução da liquidez do contrato, já que torna difícil encontrar outro agente interessado em investir em um contrato tão específico às necessidades do primeiro contratante.

b) Falta de garantia contra inadimplência: se uma das partes não honrar o contrato, não realizando os pagamentos nos prazos e valores devidos, não há a definição de uma margem de garantia como há nos contratos futuros. O contrato deve definir exatamente as consequências do inadimplemento, porém, em muitas circunstâncias, apesar de o contrato poder ser cancelado, os valores não honrados não são recuperados.

4.3 EXEMPLOS: FUNCIONAMENTO DO *SWAP* CAMBIAL

Em um contrato de *swap* cambial, o contratante tem fluxos de caixa em uma moeda que deseja trocar por fluxos em outra moeda. Vejamos alguns exemplos para facilitar o entendimento.

4.3.1 *Exemplo 1*

Retomando o exemplo do capítulo 2, vimos que uma empresa X tinha as seguintes opções para obter R$ 98.000,00 no mercado financeiro:

Emissão de título de três anos na moeda doméstica, no valor de face de R$ 100.000,00, com cupons anuais de 10,125% e custo de emissão de R$ 1.750,00 devido à instituição financeira. Nesse caso, vimos que o fluxo seria dado por:

TABELA 4.1: FLUXO DE CAIXA PARA TÍTULO EMITIDO EM REAIS

TEMPO	0	1	2	3
	Recebimento = valor-taxa	Cupons		Cupom + Amortização
FLUXO TÍTULO (R$)	98.250,00	-10.125,00	-10.125,00	-110.125,00

Fonte: Elaborada pela autora.

Nesse caso, o custo de emissão poderia ser mensurado pelo cálculo da TIR, equivalente a 10,84%.

1. Emissão de título em dólar americano de três anos no valor de face US$ 18.500,00 e 1% *above par*, com um cupom anual de 7% e taxa de emissão de 418 dólares. O fluxo em dólares desse título seria dado por:

TABELA 4.2: FLUXO DE CAIXA PARA TÍTULO EMITIDO EM DÓLARES

TEMPO	0	1	2	3
	Recebimento = valor-taxa	Cupons		Cupom + amortização
FLUXO TÍTULO (US$)	18.267,00	-1.295,00	-1.295,00	-19.795,00

Fonte: Elaborada pela autora.

Vimos que a empresa poderia fazer o *hedge* do título americano através de contratos a termo. Para contratos a termo, a instituição financeira lhe passou as seguintes taxas *forward*:

TABELA 4.3: TAXAS *FORWARD*

Ano	0	1	2	3
Forward	5,38	5,2	5,1	5

Fonte: Elaborada pela autora.

E o fluxo, em reais, seria dado por:

TABELA 4.4: FLUXO DE CAIXA PARA TÍTULO EMITIDO EM DÓLARES

TEMPO	0	1	2	3
	Recebimento = preço-taxa	Cupons		Cupom + amortização
FLUXO (US$)	18.267,00	-1.295,00	-1.295,00	-19.795,00
CÂMBIO (R$/US$)	5,38	5,2	5,1	5
FLUXO (R$)	98.276,46	-6.734,00	-6.604,50	-98.975,00

Fonte: Elaborada pela autora.

Nesse caso, o custo da emissão seria dado por uma TIR de 4,86% sobre os fluxos convertidos para a moeda doméstica.

Suponha agora que a empresa possa ainda fazer o *hedge* dos fluxos do título em dólar através de um contrato *swap* com uma instituição financeira, no qual a empresa repassaria o empréstimo líquido de 18.267,00 dólares para a instituição e receberia os fluxos em dólares para pagamento do empréstimo. Em troca, a empresa receberia o valor do empréstimo convertido em reais pela taxa *spot* de 5,38 reais por dólar e pagaria uma taxa *swap* de 10,5% sobre o montante recebido.

Do ponto de vista da empresa, tem-se que o fluxo correspondente à emissão do título em dólar, combinado com o *hedge* pelo contrato de *swap* cambial, seria dado conforme mostra a tabela 4.5, a seguir.

Note que o fluxo do título em dólar, na primeira linha da tabela, é anulado através de um fluxo contrário e equivalente, em magnitude, ao fluxo do *swap* correspondente à *leg* ou fluxo em dólares, apresentado na segunda linha da tabela. O fluxo total para a empresa passa a ser apenas o fluxo do *swap* correspondente à *leg* em reais, na terceira linha da tabela. A TIR desse fluxo é equivalente a 10,5%.

TABELA 4.5: FLUXO DE CAIXA PARA TÍTULO EMITIDO
EM DÓLARES + SWAP CAMBIAL

TEMPO	0	1	2	3
	Recebimento = valor-taxa	Cupons		Cupom + amortização
FLUXO TÍTULO (US$)	18.267,00	-1.295,00	-1.295,00	-19.795,00
FLUXO SWAP LEG (US$)	-18.267,00	1.295,00	1.295,00	19.795,00
FLUXO SWAP LEG (R$)	98.276,46	-10.319,03	-10.319,03	-108.595,49

Fonte: Elaborada pela autora.

O custo da combinação de emissão de título em dólares e *hedge* por *swap* cambial de 10,5% é inferior ao custo de 10,84% de emissão de título em reais. Isso ocorre pois a empresa incorre em um custo de emissão de títulos em reais relativamente superior ao custo da emissão do título em dólares. A taxa *swap* fornecida pela instituição financeira sobre a *leg* em reais de 10,5% incide sobre o valor recebido pela empresa, de R$ 98.276,46, e não sobre o valor de face do título emitido em reais, de R$ 100.000,00. Isso ocorre porque a instituição financeira firmaria um contrato de *swap* cambial, não necessitando realizar a emissão do título de dívida em reais e incorrer nos custos financeiros relacionados a essa emissão. Dessa forma, a emissão de título em dólares com *hedge* por *swap* cambial ocasiona pagamentos inferiores em reais em relação à emissão de título em reais.

Entretanto, como já vimos, a combinação de emissão de título em dólares e *hedge* por contratos a termo, de 4,86%, ainda é a opção de menor custo para a empresa. Vimos que a empresa se beneficia de um custo de emissão de título em dólares relativamente inferior ao custo da emissão do título em reais. Além disso, a apreciação esperada do real, traduzida em taxas a termo decrescentes, leva à redução de pagamentos futuros em reais.

4.3.2 Exemplo 2

Suponha agora que temos novamente a empresa X do exemplo anterior, com as mesmas opções de financiamento, quais sejam: a emissão do título em reais ou a emissão do título em dólares. Novamente, temos a opção de *hedge* dos fluxos em dólares por contratos a termo ou *swap* cambial. Assumiremos que a *leg* em reais do *swap* seja equivalente à do exemplo anterior, com fluxo de R$ 98.276,46 para a empresa hoje e pagamento de 10,5% sobre esse valor por três anos, adicionado ao pagamento de R$ 98.276,46 no terceiro ano.

Porém, agora suporemos que a instituição financeira oferecerá o pagamento de uma taxa *swap* de 6,9% sobre a *leg* do *swap* em dólares. De fato, empiricamente, as empresas geralmente estão sujeitas ao pagamento de um *spread* de risco para a emissão de títulos em moeda estrangeira. O *spread* de risco para a empresa é dado pela diferença entre o cupom de 7% sobre o título em moeda estrangeira e a taxa *swap* de 6,9%, sendo, portanto, de 0,1%.

Além disso, suporemos também que a instituição financeira aplicará essa taxa sobre o valor que recebeu da empresa, de R$ 18.267,00, e não sobre o valor total do empréstimo da empresa, de R$ 18.500,00. Isso poderia ocorrer, porque a instituição financeira firmaria um contrato de *swap* cambial com a empresa, e não de empréstimo. Dessa forma, pagaria a taxa *swap* de 6,9% sobre o valor recebido de R$ 18.267,00, equivalente a R$ 1.260,42. No último ano, pagaria o valor de R$ 18.267,00 acrescido ao valor de R$ 1.260,42.

Nesse caso, o fluxo do título e o da *leg* em dólares, para a empresa, são apresentados na tabela 4.6, a seguir.

A primeira linha da tabela consiste no fluxo do título em dólares; a segunda corresponde ao fluxo do *swap*, *leg* em dólares, para a empresa. A terceira linha fornece a soma do fluxo da *leg* em dólares do *swap* ao fluxo do título, também em dólares. Note que, nesse caso, o *hedge* por *swap* cambial não é completo, visto que a soma dos fluxos em moeda estrangeira não é nula nos anos seguintes.

TABELA 4.6: FLUXO DE CAIXA PARA TÍTULO
EM DÓLARES E *SWAP* (*LEG* US$)

TEMPO	0	1	2	3
	Recebimento = valor-taxa	Cupons		Cupom + amortização
FLUXO TÍTULO (US$)	18.267,00	-1.295,00	-1.295,00	-19.795,00
FLUXO *SWAP LEG* (US$)	-18.267,00	1.260,42	1.260,42	19.527,42
FLUXO TÍTULO + *SWAP LEG* (US$)	0,00	-34,58	-34,58	-267,58

Fonte: Elaborada pela autora.

Nesse caso, para compararmos o custo dessa estratégia para emissão de título em reais ou para emissão de título em dólares com *hedge* via contratos a termo, podemos, primeiramente, calcular o valor presente da soma do fluxo da *leg* em dólares do *swap* ao fluxo do título em dólares.

O valor presente de um investimento financeiro com maturidade em 3 períodos e *taxa de desconto d* é dado por:

$$Valor_{Presente} = Fluxo_{t=0} + \frac{Fluxo_{t=1}}{(1+d)} + \frac{Fluxo_{t=2}}{(1+d)^2} + \frac{Fluxo_{t=3}}{(1+d)^3}$$

Substituindo-se pelos valores dos fluxos e pela taxa de desconto de 6,9%, tem-se:

$$Valor_{Presente} = 0,00 + \frac{-34,58}{(1+0,069)} + \frac{-34,58}{(1+0,069)^2} + \frac{-267,58}{(1+0,069)^3}$$
$$= - \text{ US\$ } 281,64$$

Dessa forma, o valor presente da soma do fluxo da *leg* em dólares do *swap* ao fluxo do título em dólares é equivalente a –US$ 281,64; visto que esse fluxo está em valores do momento presente, pode ser convertido em reais pela taxa de câmbio *spot* de 5,38, o que resulta no valor equivalente de R$ 1.515,22. A tabela abaixo reporta a soma dos fluxos do *swap*, de ambas as *legs*, e do fluxo do título. Na primeira linha da tabela abaixo, tem-se o valor da *leg* em dólares do *swap*, adicionado ao fluxo do título, convertido em reais. Na segunda linha, tem-se o fluxo da *leg* em reais do *swap*. Como a primeira e a segunda linha contêm fluxos em reais, podemos somá-los, o que resulta nos valores da terceira linha:

TABELA 4.7: FLUXO DE CAIXA PARA TÍTULO
EMITIDO EM DÓLARES + *SWAP* PARCIAL

VP(R$): TÍTULO + *SWAP* (*LEG* US$)	-1.515,22	0,00	0,00	0,00
FLUXO *SWAP* (*LEG* R$)	98.276,46	-10.319,03	-10.319,03	-108.595,49
FLUXO *SWAP* (*LEG* R$)	96.761,24	-10.319,03	-10.319,03	-108.595,49

Fonte: Elaborada pela autora.

O custo dessa estratégia pode ser sumarizado pelo cálculo da TIR, de 11,3%. Dessa forma, a adição do *spread* de risco pago pela empresa na emissão de títulos em dólares, adicionado ao custo financeiro de emissão do título, resultou em um alto custo de *hedge* por *swap* em relação ao *hedge* por *forwards* ou emissão de títulos na moeda doméstica. Nesse caso, a combinação de emissão de título em dólares e *hedge* por contratos a termo, com TIR de 4,86%, continua sendo a opção de menor custo para a empresa.

5
OPÇÕES CAMBIAIS

5.1 INTRODUÇÃO

Nos contratos financeiros definidos por *forwards* e *futures*, as recompensas são dependentes lineares da taxa cambial *spot*, com *payoffs* simétricos em relação a diminuições ou aumentos da taxa *spot*. Em opções de compra e venda, veremos que os *payoffs* se tornam funções não lineares da taxa *spot*.

Vimos que em *futures, forwards* e *swaps* cambiais o contratante firma um contrato para entrega ou recebimento futuro de moeda estrangeira a uma taxa pré-acordada. Se a entrega ou o pagamento contratado não ocorrer na data futura estabelecida contratualmente, o contratante não cumprirá a obrigação assumida e incorrerá em *default*.

Por exemplo, em um contrato a termo de compra de moeda estrangeira, paga-se um valor X por unidade de moeda estrangeira, independentemente do valor da taxa de câmbio *spot* E_T na maturidade do contrato. Se a taxa *spot* E_T na maturidade for maior do que o preço combinado X, o contratante obterá um ganho com o contrato, já que estará comprando a moeda estrangeira a um valor X, inferior à taxa de mercado E_T. Porém, se a taxa *spot* E_T na maturidade for menor do que o preço combinado X, o contratante incorrerá em perda financeira.

Diferentemente, nos contratos definidos como opções cambiais europeias, ou *European exchange options*, o contratante ou titular do contrato não tem a obrigação, mas ganha a opção de compra (*call*) ou venda (*put*) de um número estabelecido de unidades de moeda estrangeira, a um preço predeterminado, em uma única data futura também predeterminada ou de vencimento da opção. Se for vantajoso para o contratante, a opção será exercida, caso contrário, a opção expirará sem efetivação de exercício.

Continuando nosso exemplo, suponhamos uma opção de compra europeia a um determinado valor X por unidade de moeda estrangeira. Se a taxa *spot* E_T na maturidade for maior do que o preço combinado X, o contratante exercerá a opção obtendo um ganho financeiro com o contrato. Caso contrário, se a taxa *spot* E_T na maturidade for menor do que o preço combinado X, o contratante não exercerá a opção e não incorrerá em perdas financeiras além do custo contratual.

Diferentemente das opções europeias, o modelo americano de opções estipula que a opção possa ser exercida a qualquer momento t antes de T, ou seja, a contraparte (*writer*) não sabe ao certo o tempo de contrato, resultando em uma estimativa de valor mais complexa. O exercício antecipado antes de T deve atender duas condições: primeiramente, o *payoff* (ou recompensa ao titular) deve ser positiva, assim como nas opções europeias; em segundo lugar, a recompensa não pode ser menor do que o valor de mercado da opção, que é o valor presente (*present value*, PV, em inglês) de um possível exercício tardio com condições mais propícias. Ou seja, o *payoff* da opção americana deve ser maior ou igual ao *payoff* da opção europeia para qualquer momento antes do vencimento T, haja vista a opção de exercício prematuro da opção americana. No vencimento, o *payoff* de exercício deve ser equivalente nas duas opções. No decorrer do texto, trataremos de opção europeia sempre que o tipo de opção não for mencionado.

Entretanto, para obter a opção de compra ou venda, o titular deve incorrer no chamado *prêmio*, um valor pago ao lançador ou *writer* da opção. Esse prêmio consiste no custo pago pelo contratante pela flexibilidade contratual obtida em relação a um contrato a termo, futuro ou *swap*. Em outras palavras, troca-se a obrigatoriedade de compra ou venda pela opção de compra ou venda na maturidade ao custo do prêmio da opção.

Nos contratos financeiros definidos como *forwards* e *futures*, as recompensas são funções lineares da taxa cambial *spot*, com *payoffs* simétricos em relação a diminuições ou aumentos da taxa *spot*. Em opções de compra e venda, veremos que os *payoffs* se tornam funções não lineares da taxa *spot*. O valor de mercado das opções é embasado na chance de um exercício rentável na data de exercício.

5.2 OPÇÕES CAMBIAIS DE COMPRA (*EXCHANGE CALL OPTIONS*)

As opções de compra, ou *call options*, são contratos com opção de compra de determinado ativo, que pode ser determinado índice do mercado de ações, moeda estrangeira, *commodities*, títulos, ou mesmo um produto financeiro, como o contrato futuro e o *swap*. As opções cambiais de compra ou *exchange call options* dão o direito de compra de determinada quantidade de moeda estrangeira definida contratualmente. O direito pode ser exercido na data de expiração, também chamada de data de vencimento, T.

Em um contrato a termo de compra cambial, paga-se um determinado valor X por unidade de moeda estrangeira, preestabelecido contratualmente, independentemente do valor da taxa de câmbio *spot* E_T na maturidade. Já em uma opção de compra, a opção será exercida pelo contratante apenas se E_T for maior que o valor X ou preço de exercício, também preestabelecido contratualmente.

5.2.1 Valor da opção de compra para o titular do contrato

O valor da opção cambial de compra na maturidade para o titular do contrato é dado por:

$$C_T = \begin{cases} E_T - X \ se \ E_T > X \\ 0 \ caso \ contrário \end{cases}$$

Como vimos, se a taxa *spot* na maturidade E_T superar o valor de exercício X, o direito de compra ao preço X será exercido, economizando-se $E_T - X$. Caso a taxa *spot* fique abaixo de X, a opção expira sem exercício e sem perda financeira adicional ao custo contratual inicial.

Segue abaixo a ilustração gráfica do *payoff* de uma opção de compra no vencimento contratual T.

GRÁFICO 5.1: PAYOFF DE COMPRA DE UMA OPÇÃO
DE COMPRA NO VENCIMENTO CONTRATUAL

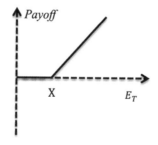

Fonte: Elaborado pela autora.

Quanto maior for o valor da taxa cambial *spot* E_T na maturidade, maior o ganho financeiro obtido com o exercício da opção de compra da moeda estrangeira ao preço X. Porém, o valor do contrato na maturidade não é uma função linear da taxa *spot* E_T, visto que tem valor nulo para qualquer valor de E_T menor do que o preço de exercício X.

5.2.2 Valor da opção de compra para o vendedor do contrato

O valor da opção cambial de compra na maturidade para o vendedor do contrato é dado por:

$$P_T = \begin{cases} X - E_T \text{ se } E_T > X \\ 0 \text{ caso contrário} \end{cases}$$

Intuitivamente, todo ganho do comprador da *call* pode ser realizado somente com perda equivalente do vendedor do contrato. Ou seja, o comprador tem um ganho se, e somente se, o vendedor tem uma perda equivalente.

O *payoff* na maturidade para a venda de uma *call* é dado pelo gráfico 5.2:

GRÁFICO 5.2: PAYOFF DE VENDA DE UMA
OPÇÃO DE COMPRA NO VENCIMENTO CONTRATUAL

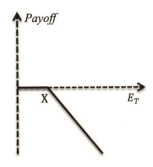

Fonte: Elaborado pela autora.

Sempre que $E_T > X$, o titular do contrato exercerá a opção e obterá $E_T - X$. Ao mesmo tempo, o vendedor terá a perda equivalente ou *payoff* de $-(E_T - X)$. Quando $E_T < X$, o contrato não é exercido e ambos, o comprador e o vendedor, têm *payoff* nulo.

5.3 OPÇÕES CAMBIAIS DE VENDA (*EXCHANGE PUT OPTIONS*)

Analogamente ao que foi visto para uma *call*, uma *exchange put option* é um contrato que concede ao seu titular a opção de venda de moeda estrangeira a um preço preestabelecido. O titular da opção poderá obter ganhos financeiros com seu exercício quando a cotação cambial no mercado à vista na maturidade se situar abaixo do preço preestabelecido no contrato. Nesse caso, poderá vender moeda estrangeira a um preço maior do que o preço de mercado. Entretanto, o titular não incorrerá em perdas se a cotação cambial no mercado à vista na maturidade se situar acima do preço preestabelecido, visto que não tem a obrigatoriedade de exercer a opção.

5.3.1 Valor da opção de venda para o titular do contrato

O valor da opção cambial de venda na maturidade para o titular do contrato é dado por:

$$P_T = \begin{cases} X - E_T & \text{se } E_T < X \\ 0 & \text{caso contrário} \end{cases}$$

Como vimos, se a taxa *spot* na maturidade E_T for inferior ao valor de exercício X, o direito de venda ao preço X será exercido, ganhando-se $X - E_T$. Caso a taxa *spot* fique acima de X, a opção expira sem exercício e sem perda financeira extra em relação ao custo contratual inicial.

Segue a ilustração gráfica do *payoff* de uma opção de venda no vencimento contratual T.

GRÁFICO 5.3: *PAYOFF* DE COMPRA DE UMA OPÇÃO DE VENDA NO VENCIMENTO CONTRATUAL

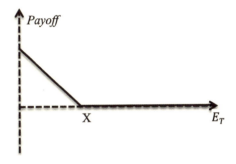

Fonte: Elaborado pela autora.

O titular da opção exercerá a opção quando $E_T < X$. Nesse caso, obterá a diferença entre o valor do preço de exercício X e a taxa *spot* E_T. Dessa forma, quanto menor o valor da taxa *spot* na maturidade, maior o ganho obtido. O ganho se torna nulo para qualquer valor da taxa *spot* superior a X, valor a partir do qual o titular optará pelo não exercício de sua opção.

5.3.2 Valor da opção de venda para o vendedor do contrato

O valor da opção cambial de venda na maturidade para o vendedor do contrato é dado por:

$$P_T = \begin{cases} -(X - E_T) \ se \ E_T < X \\ 0 \ caso \ contrário \end{cases}$$

Todo ganho do titular implica uma perda equivalente da contraparte.

Dessa forma, o gráfico 5.4 representa o *payoff* na maturidade para a venda de uma *put*:

GRÁFICO 5.4: PAYOFF DE VENDA DE UMA OPÇÃO
DE VENDA NO VENCIMENTO CONTRATUAL

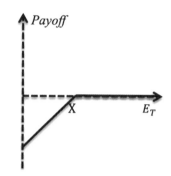

Fonte: Elaborado pela autora.

Se, na maturidade, $E_T < X$, o titular do contrato exercer a opção e obtiver $X - E_T$, isso implicará a perda equivalente ou *payoff* de $-(X - E_T)$ para o vendedor. Caso contrário, titular e contraparte têm, ambos, *payoff* equivalente a zero.

5.4 ASPECTOS ADICIONAIS DAS OPÇÕES

Assim como os contratos futuros, algumas opções são negociadas em bolsas organizadas e também são padronizadas pelas datas de maturidade, tamanho dos contratos e preço do exercício.

Além do mercado padronizado, também existe a negociação de algumas opções no mercado de balcão. Essas opções OTC (*over-the--counter*) são emitidas por instituições financeiras e são feitas sob medida para o comprador, com datas e preços particulares.

Veremos agora alguns termos comuns na literatura sobre opções; são elementos importantes, suas traduções e explicações. Os elementos citados correspondem às siglas e aos termos utilizados.

- *Strike price*: o preço de exercício, isto é, o valor pago para exercer a opção em questão;
- ITM – *in the money*: taxa *spot* atual superior ao *strike price* para opção de compra ou taxa *spot* atual inferior ao *strike price* para opção de venda, representando situação favorável para o titular da opção;
- ATM – *at the money*: taxa *spot* atual equivalente ao *strike price*;
- OTM – *out the money*: taxa *spot* atual inferior ao *strike price* para opção de compra ou taxa *spot* atual superior ao *strike price* para opção de venda, representando situação desfavorável para o titular da opção;
- *Deep in* (ou *out of*) *the money*: o mesmo que *in* ou *out of the money*, porém com diferença substancial entre taxa *spot* e *strike price*, representando situação muito favorável (*deep in*) ou muito desfavorável (*deep out*) ao titular da opção;
- *Around the money*: indica que o *strike price* está perto da taxa *spot* atual.

Suponhamos que uma empresa brasileira tenha um recebimento programado de US$ 100.000,00 daqui a um ano. Se houver alta do dólar, a empresa poderá obter ganhos em se manter exposta ao risco cambial. Porém, se houver queda do dólar, a empresa poderá sofrer perdas consideráveis.

Para se proteger contra perdas financeiras decorrentes da exposição cambial resultante desse recebimento futuro, o diretor financeiro decide fazer um *hedge* através da compra de opções de venda de dólar em um ano no valor de US$ 100.000,00.

Para isso, recorre à B3, obtendo os seguintes contratos em negociação: opções de venda ao preço de exercício de R$ 5,10 por dólar, sendo orçado em reais por 1.000 dólares, R$ 5.100,00/US$ 1.000,00. Dado que o valor de cada contrato oferecido é de US$ 50.000,00, então o diretor financeiro deverá assinar dois contratos para fazer o *hedge* total relativo ao recebimento futuro de US$ 100.000,00. O prêmio ou custo contratual foi orçado em R$ 0,20 por dólar, o que é equivalente ao valor orçado pela B3 de R$ 200,00/US$ 1.000,00. Resumindo, temos as seguintes informações relativas às opções de venda negociadas:

Valor total contratado: US$ 100.000,00
Preço de exercício: R$ 5,10 por dólar ou R$ 5.100,00/US$ 1.000,00
Prêmio: R$ 0,20 por dólar ou R$ 200,00/US$ 1.000,00
Valor de cada contrato de opção de venda: US$ 50.000,00
Quantidade de contratos necessários: 2 (*hedge* de US$ 100.000,00)

Vimos que o *payoff* para cada contrato de venda, no valor de US$ 50.000,00, deve ser equivalente a:

$$P_T = \begin{cases} (X - E_T)(50.000) & se\ E_T < X \\ 0 & caso\ contrário \end{cases}$$

Substituindo os valores para cada taxa *spot* E_T possível na maturidade, listada na primeira coluna da tabela 5.1 (a seguir), obtemos os *payoffs* por contrato listados na terceira coluna da tabela. Dado que o prêmio por contrato deve ser de R$ 0,20 multiplicado por 50.000, obtém-se o custo por contrato de R$ 10.000,00. Subtraindo-se esse custo do *payoff*, obtém-se o *net payoff*, ou resultado líquido, após a subtração do custo do contrato de R$ 10.000,00, reportado na quarta coluna da tabela.

Na maturidade, os *payoffs* possíveis para cada contrato de opção de venda de US$ 50.000,00 serão uma função da taxa de câmbio à vista na maturidade, como ilustrado na tabela:

TABELA 5.1: *PAYOFFS* PARA UMA OPÇÃO DE VENDA DE US$ 50.000,00

Taxa *spot* na maturidade	Preço de exercício	*Payoff* por contrato (em R$)	*Net payoff* por contrato (em R$)
4,80	5,10	15.000,00	5.000,00
4,90	5,10	10.000,00	0,00
5,00	5,10	5.000,00	-5.000,00
5,10	5,10	0,00	-10.000,00
5,20	5,10	0,00	-10.000,00
5,30	5,10	0,00	-10.000,00
5,40	5,10	0,00	-10.000,00

Fonte: Elaborada pela autora.

Se, por exemplo, na maturidade, quando a empresa receber US$ 100.000,00, a taxa *spot* for de R$ 4,80 por dólar, a empresa brasileira receberia no mercado cambial a quantia de:

$$Venda_{spot} = (4,80)(100.000) = R\$ 480.000$$

Essa venda, adicionada ao *hedge* cambial através de dois contratos de opção de venda, levaria ao resultado financeiro bruto de:

$$Resultado_{bruto} = Venda_{spot} + 2P_T = R\$ 480.000 + 2(R\$ 15.000) = R\$ 510.000$$

Esse resultado é exatamente equivalente ao que seria obtido vendendo-se US$ 100.000,00 ao preço de exercício de R$ 5,10. Além disso, cabe ressaltar que, para qualquer valor da taxa *spot* na maturidade, o resultado bruto na maturidade será sempre certo e equivalente a R$ 510.000,00.

Porém, vimos que opções cambiais têm um custo financeiro, definido como prêmio, que nesse caso corresponde a:

$$Prêmio = (0,20)(100.000) = R\$ 20.000$$

Portanto, o resultado líquido para a empresa seria de:

$$Resultado_{líquido} = R\$ 510.000 - R\$ 20.000 = R\$ 490.000$$

Da mesma forma que o resultado bruto, o resultado líquido na maturidade será sempre certo e equivalente a R$ 490.000,00 para qualquer valor da taxa *spot* na maturidade.

Esse resultado líquido ainda seria superior à venda descoberta no mercado à vista e superior a R$ 480.000,00, caso a taxa *spot* fosse de R$ 4,80. Percebe-se que as opções cambiais permitem à empresa fazer o *hedge* completo de sua exposição cambial, tornando certo o seu fluxo de caixa futuro em moeda estrangeira quando convertido para a moeda doméstica.

Porém, em nosso exemplo, se a taxa *spot* fosse superior a 4,90, a empresa obteria um resultado líquido superior se não tivesse realizado o *hedge* cambial. Como vimos no primeiro capítulo, devido à alta volatilidade cambial no curto prazo, as empresas necessitam realizar *hedge* cambial a fim de reduzir a incerteza com relação aos seus recebimentos e pagamentos futuros em moeda estrangeira. Essa necessidade é maior quanto mais importante for o fluxo de caixa em moeda estrangeira para a manutenção da liquidez e para a saúde financeira da empresa.

6

HEDGE CAMBIAL E A REDUÇÃO DA EXPOSIÇÃO CAMBIAL

6.1 INTRODUÇÃO

No primeiro capítulo, vimos que as taxas de câmbio são extremamente voláteis e que suas oscilações não são compensadas por variações nos níveis gerais de preços, já que a paridade do poder de compra não tem respaldo empírico. Dessa forma, oscilações cambiais levam a alterações nos custos relativos de produtos domésticos em relação a produtos estrangeiros e, portanto, a impactos no comércio internacional e no fluxo internacional de capitais direcionado a investimentos produtivos. Portanto, oscilações cambiais têm impactos reais na economia. Além disso, vimos que as teorias de macroeconomia internacional têm um baixo poder de previsão sobre as taxas cambiais futuras, "*the meese-rogoff forecasting puzzle*".[1] Denominamos *risco cambial* às oscilações cambiais futuras inesperadas, geralmente medidas pela variância ou desvio-padrão da série cambial. As famílias e empresas precisam se precaver contra o risco cambial, visto que este afeta o valor das empresas, a renda e o patrimônio das famílias. Estudamos também os contratos a termo, os contratos futuros, os *swaps* cambiais e as opções como formas de eliminar a incerteza relacionada aos

---

[1] Obstfeld & Rogoff, 2000, pp. 339-390.

pagamentos e recebimentos futuros em moeda estrangeira, quando convertidos para a moeda doméstica.

Neste capítulo, vamos introduzir o conceito de exposição cambial e como reduzi-la através de *hedge* cambial. Denomina-se *exposição cambial* à variação de valor dos fluxos de caixa de uma empresa ou de um indivíduo devido a alterações inesperadas nas taxas de câmbio ou risco cambial.

Podemos definir a *exposição ao risco cambial* por:

$$Exposição_T = \frac{V_T - V_T^e}{E_T - E_T^e}$$

onde E_T é o valor dos fluxos em T ou ao fim do período, V_T^e é o valor dos fluxos em T esperado no momento anterior t, E_T é a taxa de câmbio em T, e E_T^e é a taxa de câmbio em T esperada no momento anterior t.

Portanto, a exposição é o desvio do valor dos fluxos de caixa em relação ao seu valor esperado. Por exemplo, suponha que você trabalhe na Embraer, na divisão exportadora de aviões, e espera receber 1,3 bilhão de dólares ao final do trimestre. Qual é a exposição da Embraer ao risco cambial devido a esse recebimento esperado?

No fim do período o valor do fluxo em moeda doméstica V_T seria de 1,3 bi convertido em reais através da multiplicação pela taxa de câmbio E_T, ou seja, $V_T = 1{,}3\,(E_T)$ bilhão de reais. O valor esperado desse fluxo hoje seria dado por 1,3 bi multiplicado por E_T^e, portanto, $V_T^e = 1{,}3 E_T^e$ bilhão de reais. Substituindo-se na definição de exposição cambial, obtemos:

$$Exposição_T = \frac{1{,}3\, E_T - 1{,}3 E_T^e}{E_T - E_T^e}$$

$$= 1{,}3\,(E_T - E_T^e)/(E_T - E_T^e)$$

$$= 1{,}3 \text{ bilhão de dólares}$$

Portanto, a exposição cambial da Embraer devido ao recebimento futuro da receita de exportação é exatamente o valor do fluxo contratado de 1,3 bilhão de dólares.

Com a globalização e a crescente exposição dos valores das empresas e das rendas das famílias a variações cambiais, a gestão da exposição ao risco cambial tornou-se primordial para evitar perdas financeiras. Todos os atores do mercado com práticas internacionais, como as empresas multinacionais e os fundos de investimento, devem procurar uma posição de segurança a fim de minimizar prejuízos decorrentes de oscilações cambiais. Para alcançar o objetivo de redução da exposição cambial, as empresas ou indivíduos buscam contratos financeiros de *hedge* cambial.

Hedge cambial consiste na redução da exposição a risco cambial através de operações financeiras como a contratação de derivativos cambiais. *Hedge* cambial pode ser realizado através de operações que impliquem a geração de exposição cambial de mesma magnitude, porém com sinal oposto à exposição vigente, como a contratação de passivos em moeda estrangeira no mesmo valor dos ativos já existentes.

Por exemplo, imagine um investidor australiano que detém ativos em dólar americano. Considerando o exemplo, se o dólar australiano, a moeda local desse investidor, cair em valor relativo ao dólar americano, o ativo americano aumentará em valor, quando medido em dólar australiano. Alternativamente, se o dólar australiano subir em valor, o investimento terá uma queda de valor. Nesse caso, o investidor terá uma perda, que poderia ser evitada com o uso de *hedge* cambial.

Pode-se dizer então que o *hedge* cambial mitiga o risco relativo a variações de valor, em moeda doméstica, do recebimento (ou pagamento) em moeda estrangeira, ou seja, o risco do recebimento de um valor reduzido (ou do pagamento de um valor relativamente alto) em moeda doméstica.

Faz-se necessário mencionar a importância do *hedge* cambial para o planejamento interno de uma empresa ou de um fundo de investimentos, visto que, em sua ausência, é impossível afirmar com precisão qual será o valor do fluxo estrangeiro, quando traduzido para a moeda doméstica.

Reservas internacionais soberanas como instrumentos de hedge *da dívida externa soberana*

As reservas internacionais no Brasil têm como principal diretriz fortalecer a confiança do mercado na capacidade do país de honrar seus compromissos externos e fornecer suporte à execução de políticas monetárias e cambiais.

A partir dessa diretriz, busca-se fazer uma alocação pautada em reduzir a exposição do país a oscilações cambiais, com foco em *hedge* cambial sobre a dívida externa bruta. A partir da estratégia de *hedge* cambial, a política de investimento das reservas cambiais busca encontrar o ponto ótimo na relação risco-retorno para o portfólio de investimento, observando riscos inerentes, liquidez e rentabilidade.

Quanto à segmentação da política de investimento, pode-se fazer uma divisão em termos de *moedas, classes de ativos* e *prazo médio de investimento*. Com relação à moeda de denominação, sua distribuição tem uma alocação predominante em dólar americano, moeda em que se encontra a maior parte da dívida externa soberana, bem como a dívida externa do setor privado.

Os ativos componentes das reservas internacionais são, em sua maioria, instrumentos de renda fixa, principalmente títulos soberanos e títulos de organismos supranacionais, caracterizados pelo risco mais baixo de *default* dentro do universo de títulos de dívida disponíveis para investimento. O prazo médio de investimento das reservas internacionais tem foco principal em atender a liquidez necessária para honrar os compromissos externos. Na última década, o prazo médio foi próximo de 2 anos.[2]

No gráfico a seguir, nota-se o crescimento elevado das reservas internacionais nos últimos anos e a sua manutenção em um patamar superior ao nível da dívida externa bruta, a fim de servir como *hedge* para o cumprimento das obrigações externas brasileiras.

GRÁFICO 6.1: RESERVAS INTERNACIONAIS E DÍVIDA EXTERNA BRUTA

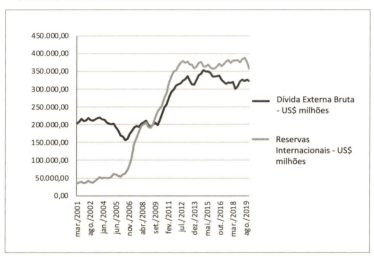

Fonte: Elaborado pela autora. Dados do Banco Central do Brasil (2020).

Nas próximas seções deste capítulo, estudaremos tipos de exposição cambial a fim de entender com que intensidade o valor de uma empresa ou o fluxo de caixa de um indivíduo está exposto ao risco cambial. Na seção 6.2, estudaremos a exposição cambial

---

[2] Banco Central do Brasil, 2019b.

econômica do tipo contratual; na seção 6.3, a exposição cambial econômica do tipo operacional; e na seção 6.4, a exposição cambial do tipo contábil. No capítulo 7, analisaremos o uso adequado de derivativos cambiais para a redução da exposição cambial econômica, em contraposição ao uso indevido desses instrumentos, apresentados no capítulo 8.

6.2 EXPOSIÇÃO CAMBIAL ECONÔMICA CONTRATUAL

Exposição cambial econômica refere-se à exposição cambial de fluxos de caixa futuros. Há dois tipos de exposição cambial econômica: contratual e operacional. Nesta seção, estudaremos a exposição cambial econômica contratual.

A *exposição cambial contratual* refere-se à exposição cambial dos fluxos de caixas futuros, porém derivados de contratos passados, portanto, certos, no momento presente, em termos de moeda estrangeira.

A exposição contratual pode se referir a:
1. Um único fluxo futuro esperado em moeda estrangeira

Nesse caso, a fim de eliminar completamente a exposição ao risco cambial, pode-se fazer um contrato de *hedge* cambial em posição contrária ao fluxo futuro esperado.

Voltemos ao nosso exemplo referente a um contrato de exportação da Embraer com fluxo de recebimento de US$ 1,3 bilhão daqui a um trimestre. Dado que o contrato de exportação prevê a entrada de um fluxo financeiro em moeda estrangeira, um contrato de *hedge* cambial deve prever a saída de um fluxo de caixa equivalente em moeda estrangeira em troca da entrada de um fluxo certo em moeda doméstica ao fim do trimestre, ou seja, um fluxo em moeda doméstica de valor conhecido hoje. O resultado para a Embraer da exportação combinada ao *hedge* cambial pode ser resumido da seguinte forma:

a. Entrada de US$ 1,3 bilhão ao fim do trimestre via exportação;
b. Saída de US$ 1,3 bilhão ao fim do trimestre via *hedge* cambial;
c. Entrada de um montante em moeda doméstica ao fim do trimestre, conhecido hoje, em troca da saída de US$ 1,3 bilhão ao fim do trimestre.

Pode-se ver que a combinação da exportação com o *hedge* cambial levou a uma posição nula em moeda estrangeira ao fim de um trimestre, já que a entrada e a saída prevista de moeda estrangeira são equivalentes (passos *a* e *b*). Ao mesmo tempo, levou a uma entrada de moeda doméstica ao fim do trimestre e conhecida hoje. Dessa forma, eliminou-se completamente a exposição ao risco cambial do fluxo de entrada de moeda estrangeira proveniente da venda de exportação.

Se a Embraer não tivesse realizado o contrato de *hedge* cambial, ficaria exposta às oscilações cambiais e à incerteza de quanto valeria US$ 1,3 bilhão, ao fim do trimestre, em termos de moeda doméstica.

2. Exposição a mais de um fluxo de caixa contratado e certo em termos de moeda estrangeira

Assim como no caso de um único fluxo, devemos agregar todos os fluxos de mesma maturidade. Dessa forma, a exposição cambial total será calculada por maturidade. Pode-se fazer o *hedge* cambial da exposição total para cada maturidade. Porém, costuma ser menos dispendioso agregar os valores presentes dos fluxos de caixa de diferentes maturidades. Essa estratégia, embora menos dispendiosa, não elimina completamente a exposição cambial, conforme ilustrado no exemplo a seguir.

Considere as seguintes entradas futuras de dólares devido a exportações já realizadas por uma empresa que exporta para os EUA, movimentação cujas principais informações estão indicadas na tabela 6.1:

TABELA 6.1: FLUXO DE CAIXA DE UM CONTRATO DE EXPORTAÇÃO

2019	Taxas de juros	Entradas (US$)
1º tri	0,30%	1,3 bi
2º tri	0,30%	1,1 bi
3º tri	0,30%	1,2 bi
Total		3,6 bi

Fonte: Elaborada pela autora.

Sabemos que a exposição ao risco cambial é de US$ 1,3 bi no primeiro trimestre, US$ 1,1 bi no segundo trimestre e US$ 1,2 bi no terceiro trimestre. Dessa forma, as opções de *hedge* propostas seriam: contratos *forward*, futuros, de *swap* cambial ou opções de venda de dólar futura para cada trimestre em valores equivalentes em magnitude ao valor da exposição cambial por trimestre, porém de sinal contrário. Por exemplo, a empresa poderia entrar em contratos a termo de venda de US$ 1,3 bi ao fim do primeiro trimestre, US$ 1,1 bi ao fim do segundo trimestre e US$ 1,2 bi ao fim do terceiro trimestre.

Nesse exemplo, há apenas um fluxo, em uma única moeda, incidindo em cada trimestre ou maturidade. O *hedge* cambial completo implica a eliminação da exposição através de um contrato de *hedge* correspondente, em magnitude, ao valor do fluxo, porém de sinal contrário. Se houvesse mais de um fluxo por maturidade, os fluxos também deveriam ser agregados por maturidade, e os contratos de *hedge* seriam específicos para cada diferente maturidade. Além disso, se houvesse fluxos em diferentes moedas, os contratos de *hedge* deveriam ser desenvolvidos da mesma forma, separadamente para cada moeda, ou seja, não agregando os fluxos em diferentes moedas. Essa estratégia eliminaria completamente a exposição cambial da empresa.

Entretanto, a realização de um contrato de *hedge* para cada maturidade pode ser financeiramente onerosa. Para reduzir os custos do *hedge*, uma possibilidade seria a agregação do valor presente de todos os fluxos e a realização de um único contrato *forward* ou futuro correspondente ao valor agregado. Para isso, devemos calcular os valores presentes para cada trimestre. Como os fluxos são em dólar, devemos utilizar a taxa de juros em dólar para descontar os fluxos, conforme demonstrado na tabela 6.2:

TABELA 6.2: VALOR PRESENTE DE UM CONTRATO DE EXPORTAÇÃO

Trimestre	Taxas de juros	Entradas (US$)	Valor presente (US$)
1	0,30%	1,3 bi	1,2961 bi
2	0,30%	1,1 bi	1,0934 bi
3	0,30%	1,2 bi	1,1893 bi
Total		3,6 bi	3,5788 bi

Fonte: Elaborada pela autora.

Os valores presentes são dados por:

$$VP(fluxo\ 1) = \frac{1,3}{1,003}$$

$$VP(fluxo\ 2) = \frac{1,1}{(1,003)(1,003)}$$

$$VP(fluxo\ 3) = \frac{1,2}{(1,003)(1,003)(1,003)}$$

Esses valores são, respectivamente, 1,2961, 1,0934, 1,1893. Somando-se os valores presentes dos três fluxos, obtém-se o valor presente de US$ 3,5788 bi. Como devemos fazer o *hedge* dessa posição agregada utilizando apenas um contrato *forward*? Primeiramente, devemos encontrar a maturidade média ponderada dos fluxos de caixa agregados.

Para o cálculo da maturidade média ponderada, primeiramente identificaremos o peso de cada fluxo trimestral no valor presente total, dado pela parcela do valor presente total correspondente ao valor presente de cada fluxo. Esse seria o peso de cada fluxo trimestral no valor presente total. Posteriormente, pondera-se a maturidade de cada trimestre, 1, 2 e 3, respectivamente, por seu peso ou seu valor relativo no valor presente total. Dessa forma, obtém-se a maturidade média ponderada, ideal para o contrato de *hedge* agregado.

TABELA 6.3: MATURIDADE MÉDIA PONDERADA
DE UM CONTRATO DE EXPORTAÇÃO

Trimestre	Valor presente (US$)	Peso	Maturidade ponderada
1	1,2961 bi	1,296/3,5788 = 0,362	0,362 × 1 = 0,362
2	1,0934 bi	1,093/3,5788 = 0,305	0,305 × 2 = 0,610
3	1,1893 bi	1,189/3,5788 = 0,332	0,332 × 3 = 1,000
Total	3,5788 bi		1,972

Fonte: Elaborada pela autora.

Após esta análise, podemos concluir que a estratégia de *hedge* poderia ser realizada através de um único contrato de *hedge* com valor presente de 3,5788 bi e maturidade para 1,97 trimestre. O valor de face desse contrato seria o valor futuro 3,5788 × (1,003)^1,97 = 3,6 bi. Poder-se-ia, por exemplo, assinar um *non-deliverable forward* de venda no valor de 3,6 bi, com maturidade de 1,97 trimestre. Poder-se-ia também realizar essa estratégia através de um contrato futuro.

Por um lado, a agregação da exposição cambial em um único valor de maturidade média pode reduzir os custos do *hedge* cambial. Por outro, impede a eliminação completa da exposição cambial, visto que não considera a distribuição da exposição cambial por diferentes períodos – em nosso exemplo, três trimestres.

6.3 EXPOSIÇÃO CAMBIAL ECONÔMICA OPERACIONAL

No exemplo da seção anterior, os valores de recebimento da empresa exportadora são conhecidos, pois os contratos já foram firmados e estão em período de vigência. Por isso, consideramos apenas a existência de risco contratual. Entretanto, as empresas e os indivíduos também estão expostos a risco cambial relativo a fluxos de caixa não previstos em contratos vigentes.

> A *exposição cambial operacional* refere-se à exposição cambial de fluxos de caixa futuros não previstos em contratos passados, portanto, incertos, no momento presente, em termos de moeda estrangeira.

Por exemplo, as oscilações cambiais podem afetar a demanda por produtos estrangeiros e a concorrência estrangeira pelo mercado consumidor doméstico, afetando a demanda doméstica por produtos de uma empresa nacional. Da mesma forma, as oscilações também podem impactar a demanda internacional por produtos domésticos e afetar a posição competitiva internacional da empresa nacional. As oscilações cambiais também podem impactar o fluxo futuro advindo do financiamento estrangeiro, bem como o custo desse financiamento.

Todos esses fatores podem implicar respostas ativas das empresas, como novas estratégias para melhoria da produtividade e da competitividade em face de oscilações cambiais desvantajosas para o comércio internacional. Dessa forma, o risco operacional refere-se tanto aos impactos diretos das oscilações cambiais nos fluxos de caixa futuros como também aos impactos indiretos causados pelas respostas das empresas às próprias oscilações cambiais.

Para o gerenciamento de risco cambial operacional, utilizaremos a metodologia[3] que consiste, primeiramente, na previsão de valores de fluxos de caixa futuros para cada valor possível da taxa de câmbio. Posteriormente, quantifica-se o impacto no fluxo de caixa futuro de

---

[3] Adler, 1984, pp. 41-50.

variações da taxa de câmbio. Uma possibilidade para a estimação desse impacto é a análise de regressão. Considere um modelo linear em que a variável Y é uma função da variável X. Em nosso caso, os valores de Y são os valores dos fluxos de caixa em moeda doméstica para cada cenário possível da taxa de câmbio, representada pela variável X:

$$Y = a + bX + e$$

onde e representa o termo de erro, a é o intercepto e b, o coeficiente angular da equação.

O nosso parâmetro de interesse é o coeficiente b, pois corresponde ao impacto de uma variação cambial marginal nos fluxos de caixa futuros Y, nossa medida de exposição cambial operacional. Se tivéssemos apenas dois valores possíveis da taxa de câmbio, os valores de a e b poderiam ser obtidos através da solução de um sistema com duas equações e duas incógnitas, com termo de erro nulo. Por exemplo, considere as seguintes entradas possíveis de dólares devido a exportações não contratadas, porém previstas pela Embraer para o fim do ano: US$ 2,0 bilhões se a taxa cambial for 3,5 R$/US$ ou US$ 1,5 bilhão se a taxa cambial for 3,0 R$/US$. Portanto, tem-se uma entrada prevista de R$ 7,0 bi se a taxa de câmbio for de 3,5 R$/US$ ou de R$ 4,5 bi se a taxa de câmbio for de 3,0 R$/US$. Conclui-se, portanto, que a exposição cambial da Embraer ao dólar é positiva, visto que valores maiores da taxa de câmbio estão associados a valores maiores de recebimentos em reais.

Entretanto, precisamos ainda calcular a magnitude da exposição. Substituindo esses valores no modelo linear, obtemos as seguintes equações:

$$7 = a + b(3,5)$$
$$4,5 = a + b(3,0)$$

A primeira equação pode ser reescrita como:

$$a = 7 - b(3,5)$$

Substituindo esse valor de a na segunda equação, obtém-se:

$$4{,}5 = \bigl(7 - b(3{,}5)\bigr) + b(3{,}0)$$
$$4{,}5 = 7 - b(0{,}5)$$

Portanto, a exposição cambial operacional da Embraer é dada pelo valor de b, equivalente a US$ 5,0 bi. Logo, a Embraer poderia vender US$ 5,0 bi no mercado a termo a fim de eliminar a sua exposição cambial.

Suponha que a empresa tenha travado uma taxa *forward* de 3,4 R$/US$ em um contrato de *non-deliverable forward*. Nesse caso, se a taxa de câmbio no final do período fosse de 3,5 R$/US$, a empresa obteria a receita de exportação no valor de R$ 7 bi e sofreria perda no mercado a termo no valor de (3,5 R$/US$ − 3,4 R$/US$) × US$ 5,0 bi, equivalente a R$ 0,5 bi. Nesse cenário, a empresa obteria um fluxo total de R$ 7 bi menos o valor da perda no mercado a termo de R$ 0,5 bi, ou seja, R$ 6,5 bi.

Se a taxa de câmbio no final do período fosse de 3,0 R$/US$, a empresa obteria a receita de exportação no valor de R$ 4,5 bi e o ganho no mercado a termo no valor de (3,4 R$/US$ − 3,0 R$/US$) × US$ 5,0 bi, equivalente a R$ 2 bi. Nesse cenário, a empresa obteria um fluxo total de R$ 4,5 bi somado ao valor do ganho no mercado a termo de R$ 2 bi, ou seja, R$ 6,5 bi.

Nota-se, portanto, que através do *hedge* no mercado a termo a empresa travaria o seu *payoff* total em R$ 6,5 bi, independentemente do valor futuro da taxa de câmbio.

Nesse exemplo, havia apenas dois valores possíveis da taxa de câmbio na maturidade e encontrou-se o valor exato dos coeficientes a e b através da solução de um sistema com duas incógnitas e duas equações. Porém, na maioria das situações, há muitos valores possíveis para a taxa de câmbio no futuro.

Considere o exemplo de uma empresa exportadora, a qual tem estas possíveis entradas de dólares previstas para o final do ano, de acordo com os valores possíveis da taxa de câmbio:

TABELA 6.4: FLUXOS DE CAIXA POSSÍVEIS
DE ACORDO COM AS OSCILAÇÕES CAMBIAIS

Taxa de câmbio	Fluxo de caixa (em bilhões de dólares)
3,5	4,00
3,4	3,90
3,3	3,60
3,2	2,50
3,1	2,10
3,0	1,45

Fonte: Elaborada pela autora.

Por exemplo, se a taxa de câmbio for de 3,5 R$/US$, o fluxo esperado é de US$ 4 bi. Nosso objetivo é estimar os coeficientes a e b, tal que possamos encontrar a reta que melhor se ajusta aos dados, como no gráfico 6.2:

GRÁFICO 6.2: FLUXO DE CAIXA COMO UMA
FUNÇÃO DA TAXA DE CÂMBIO

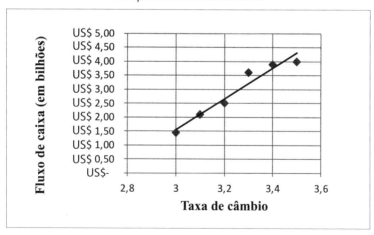

Fonte: Elaborado pela autora.

Aparentemente, o modelo linear parece prover um ajuste adequado aos dados, visto que os pontos parecem estar relativamente próximos da reta estimada. Essa reta foi obtida pelo método dos mínimos quadrados ordinários, que fornece como resposta os coeficientes *a* e *b*, os quais minimizam a soma do quadrado dos termos de erro estimados. O termo de erro estimado consiste no desvio entre o valor real do fluxo de caixa e o valor estimado pelo modelo. Em nosso exemplo, os valores estimados para *a* e *b* são equivalentes a –14,95 e 5,5, respectivamente. Nesse caso, a exposição cambial operacional da Embraer é dada pelo valor estimado de *b*, equivalente a US$ 5,5 bi.

Dessa forma, os valores estimados $\hat{Y}$ para o fluxo de caixa são dados por:

$$\hat{Y} = 5{,}5x - 14{,}95$$

E os termos de erro estimados são dados por:

$$\hat{e} = Y - \hat{Y}$$
$$= Y - 5{,}5x + 14{,}95$$

Quanto menores os termos de erro estimados, melhor a qualidade do ajuste da reta encontrada com os dados. O R-quadrado é uma medida de qualidade do ajuste, com valores entre 0 e 1, sendo dado por:

$$R^2 = 1 - \frac{\sum \hat{e}^2}{\sum (Y - \bar{Y})^2}$$

O termo $\sum (Y - \bar{Y})^2$ é a soma dos quadrados totais, sendo calculado pelo somatório do quadrado da diferença entre os valores realizados de *Y* e o valor médio de *Y* na amostra. No numerador temos a subtração do termo $\sum \hat{e}^2$, de forma que, quanto maior o erro do modelo, pior a qualidade do ajuste e menor o valor do R-quadrado.

Em nosso exemplo, o R-quadrado é de 0,95, o que significa que 95% da variação de *Y* (fluxo de caixa) é explicada pela variação de *X* (taxa de câmbio). Dessa forma, o modelo linear provê uma qualidade adequada de ajuste aos dados. Essa foi a mesma conclusão a que chegamos através da observação visual da distância entre os pontos e a reta de regressão estimada.

6.4 EXPOSIÇÃO CAMBIAL CONTÁBIL

Diferentemente da exposição cambial econômica, a exposição cambial contábil é a exposição em que ativos, passivos e patrimônio da empresa têm seus valores alterados devido a uma mudança na taxa de câmbio. Ela ocorre principalmente porque empresas multinacionais ou transnacionais com filiais em outros países têm ativos, passivos e o patrimônio em uma moeda distinta da moeda local da matriz. Para que a matriz possa contabilizar as suas operações ao redor do mundo, ela deve converter os registros contábeis internacionais para a moeda local da matriz. Essa conversão, por sua vez, gera valores que se alteram de acordo com as taxas de câmbio, o que gera uma exposição cambial denominada *contábil*. Entretanto, essa exposição, por incidir em fluxos de caixa passados, já recebidos ou pagos, não implica a necessidade de tomada de *hedge* no momento presente ou futuro.

Contextualização: o mercado de derivativos cambiais para a redução da exposição cambial

O mercado de derivativos cambiais representa um volume importante da negociação cambial no Brasil. Nesses contratos, as partes negociam uma taxa de câmbio para a data futura de interesse e, em muitos contratos, não há a necessidade da entrega escritural ou física da moeda estrangeira no vencimento do contrato, mas apenas o acerto financeiro do *payoff* ou resultado financeiro do contrato, em moeda doméstica, para ambas as partes.

O segmento de derivativos pode ser dividido em dois: aquele em que a negociação é centralizada em ambiente de bolsa, por meio de contratos listados, e aquele de negociação descentralizada, chamada de *ambiente de balcão*. O mercado centralizado é caracterizado pela padronização dos contratos e pela atuação da bolsa para redução do risco de crédito nas operações.

É através de contratos de derivativos financeiros, por exemplo, que é possível fazer operações de *hedge* cambial de exposições cambiais, diminuindo impactos negativos nos negócios, causados pela volatilidade cambial.

No mercado cambial à vista e no mercado cambial futuro, surgem pesquisas relacionadas ao processo de formação das taxas cambiais *spot* e futura, para diferentes horizontes temporais. A experiência de taxas de câmbio no mundo sugere que, após a formação das taxas no mercado à vista, o valor é transmitido ao mercado futuro, cujo valor passa a ser derivado do primeiro.

No entanto, o Brasil apresenta uma peculiaridade nesse assunto, com o oposto sendo observado: novas informações macroeconômicas, por exemplo, afetam inicialmente o mercado futuro de câmbio, e, em seguida, este valor passa a ser transferido ao mercado à vista. Esse fato pode ser explicado pela relevância e maior liquidez do mercado de derivativos cambiais em comparação ao mercado de negociação à vista.

Aproveitando o recente crescimento da China e o cenário externo favorável, o interesse em investir no país se refletiu no aumento da procura não apenas por títulos públicos, mas também por contratos cambiais, o que aumentou o volume negociado de derivativos cambiais.

Os contratos futuros de câmbio e juros padronizados, operados na bolsa, demonstraram ser os instrumentos mais eficientes na administração dos riscos de mercado pelos agentes nacionais e internacionais.[4] Além disso, a negociação desses derivativos em

---

[4] Banco Central do Brasil, 2019a.

ambiente de bolsa reduz significativamente o risco de crédito dos participantes, pois ela atua como contraparte central nas liquidações financeiras. Em grande medida, essas características fizeram com que o segmento de derivativos de bolsa se consolidasse como o ambiente mais propício para a intermediação de risco de mercado, atraindo os mais diversos tipos de investidores: bancos, corretoras, fundos, empresas e investidores.

7
HEDGE CAMBIAL: APRESENTAÇÃO DE INSTRUMENTOS ADICIONAIS E ESTUDOS DE CASO

Nos capítulos anteriores, estudamos os principais instrumentos de *hedge* cambial dados por: contrato a termo, contrato futuro, *swap* cambial e opções cambiais. Este capítulo tem como objetivo apresentar instrumentos adicionais de *hedge* cambial comumente utilizados pelas empresas exportadoras brasileiras. O emprego e o desempenho comparativo desses instrumentos serão analisados através de estudos de caso de empresas brasileiras sujeitos a algumas modificações com o fim de melhoria didática.

Primeiramente, apresentaremos os seguintes instrumentos adicionais de *hedge* cambial disponíveis para empresas exportadoras e comumente empregados no mercado brasileiro:

7.1 ADIANTAMENTO SOBRE O CONTRATO DE CÂMBIO E APLICAÇÃO EM UM CDB PREFIXADO

O *adiantamento sobre contrato de câmbio (ACC)* consiste no adiantamento do valor de venda de exportação, total ou parcial, para uma empresa brasileira por um banco brasileiro. O valor da venda futura é recebido de forma adiantada em moeda doméstica, através da conversão pela taxa de câmbio *spot*, isto é, a taxa de câmbio para pronta entrega, e esse valor é recebido pela empresa através de um banco brasileiro. Nesse contrato, o adiantamento do pagamento ocorre anteriormente ao envio dos bens exportados ao exterior.

Tendo em vista que o adiantamento ocorre anteriormente ao envio dos produtos exportados, além de auxiliar no *hedge* cambial dos recebimentos futuros em moeda estrangeira, ele auxilia as empresas no pagamento dos custos de produção das mercadorias a serem exportadas, como pagamento de salários, juros, aluguel e matéria-prima, além de seus custos de comercialização. Dessa forma, o adiantamento do contrato de câmbio impulsiona o setor exportador brasileiro, viabilizando ou auxiliando na exportação. Porém, o banco financiador incorre nos riscos de não envio das mercadorias pela empresa exportadora como esperado contratualmente, e de não recebimento do valor da exportação correspondente.

É importante destacar que o contrato deve ser celebrado somente entre uma empresa brasileira exportadora, e reconhecida como tal pela Secretaria de Comércio Exterior, e um banco brasileiro autorizado pelo Banco Central do Brasil a efetuar operações de câmbio.

Os bancos geralmente obtêm as linhas de crédito para o contrato de adiantamento sobre contrato de câmbio no mercado financeiro internacional. O resultado da operação é semelhante a um financiamento, em que a empresa recebe hoje o valor da venda de exportação futura, com custo de financiamento dado pelo mercado internacional, chamado de deságio.

O *deságio* do ACC é representado pelo custo de captação da linha de crédito no mercado financeiro internacional, geralmente dado pela Libor, adicionado a um *spread* bancário externo e a um *spread* interno.

A *Libor* é a taxa de juros praticada em Londres, para empréstimos e financiamentos entre bancos, no mercado interbancário. Muitos empréstimos entre bancos internacionais utilizam essa taxa como referência para seus contratos em moeda estrangeira.

O *spread* bancário externo é determinado tendo como referência o risco de não pagamento pelo banco de sua linha de crédito obtida no mercado internacional.

O *spread* interno é uma função da probabilidade de não cumprimento da exportação pela empresa e de não recebimento do valor da exportação.

O deságio é uma taxa que incide sobre o valor da exportação, em moeda estrangeira, e pode ser pago antecipadamente ou ao final do contrato, após a sua conversão para a moeda doméstica. Como ele é definido em moeda estrangeira, expõe a empresa ao risco de variação futura de câmbio se não for pago antecipadamente. Quando pago antecipadamente, é convertido em moeda doméstica pela taxa *spot* e, portanto, traduzido para a moeda doméstica no momento do contrato. Portanto, quanto melhor o histórico da empresa em seu cumprimento de contratos, menor o custo do financiamento através de um ACC.

Os ganhos dos bancos brasileiros nas operações de ACC são dados, primeiramente, pelo *spread* interno cobrado da empresa. Adicionalmente, os bancos também obtêm a diferença entre a taxa cambial de compra da moeda estrangeira da empresa e a taxa cambial de venda dessa moeda a outro cliente ou instituição financeira.

Assim, o Adiantamento sobre Contrato de Câmbio (ACC) é o recebimento hoje (a uma taxa de câmbio já conhecida) de um valor que seria recebido no futuro (valor referente à venda no exterior), mas que seria convertido por uma taxa de câmbio desconhecida. Ou seja, a operação se trata de um *hedge* cambial, pois a empresa garante que o valor do seu contrato seja definido por uma taxa de câmbio já conhecida, o que a protege de possíveis oscilações prejudiciais.

Assim que a empresa recebe o valor do ACC (valor do contrato dado em moeda estrangeira multiplicado pela taxa de câmbio *spot*), logo o aplica em uma alternativa de investimento como o CDB (Certificado de Depósito Bancário), com rendimentos dados por uma taxa prefixada. Essa aplicação tem por objetivo gerar ganhos de rentabilidade com o dinheiro recebido. Por se tratar de uma operação financeira que gera rendimentos (neste caso através de uma taxa prefixada), ocorre a cobrança de imposto de renda sobre o lucro auferido, com alíquotas definidas pelo prazo da aplicação.

TABELA 7.1: ALÍQUOTAS DE IMPOSTO DE RENDA (IR)
PARA APLICAÇÕES FINANCEIRAS

IR para aplicações financeiras	
Até 180 dias	22,5%
De 181 a 360 dias	20,0%
De 361 a 720 dias	17,5%
Acima de 720 dias	15,0%

Fonte: Receita Federal.

O valor total recebido através de um ACC é igual ao valor do principal adicionado a rendimentos líquidos de imposto de renda, menos o valor do deságio. O deságio, por sua vez, é uma taxa prefixada que reflete o risco de crédito da empresa contratante. Essa taxa incide sobre o valor do contrato (dado em termos da moeda estrangeira), sendo também definida em moeda estrangeira, mas na prática o banco requer que esse pagamento seja realizado na moeda corrente. Geralmente essa conversão do custo do ACC, dado em moeda estrangeira, para a moeda doméstica ocorre em um período futuro, já pré-definido na contratação da operação, mas a taxa de câmbio para a conversão não é pré-definida. Essa taxa usada para conversão é taxa de câmbio de vencimento (PTAX) relacionada a esse período futuro.

> A *PTAX* consiste na média aritmética das taxas de câmbio *spot* negociadas no dia pelos *dealers* do mercado, em quatro janelas ao longo do dia.

Como a PTAX futura não é conhecida, concluímos que o ACC, quando o deságio não é pago antecipadamente, é uma estratégia de *hedge* cambial imperfeita porque expõe a empresa à conversão do custo do ACC para reais, utilizando-se uma taxa de câmbio desconhecida no momento da celebração do contrato.

Para o banco, as desvantagens consistem principalmente no risco de não envio das mercadorias exportadas, definidas contratualmente, e de não recebimento do valor da exportação. Para mitigar parte desses riscos, foi criado o contrato de adiantamento sobre cambiais entregues (ACE), para adiantamento do valor da exportação, em reais, somente após o envio das mercadorias exportadas, mas ainda antes do recebimento do valor da exportação. Dessa forma, no ACE os bancos ainda incorrem no risco de não pagamento da exportação pelo importador.

O adiantamento máximo do ACC em relação à data de envio das mercadorias exportadas é de 360 dias, e do ACE, após o envio das mercadorias, é de 360 dias em relação ao dia de recebimento esperado do pagamento da exportação.

Caso o exportador não entregue os documentos comprobatórios da exportação da mercadoria em data prevista, no caso do ACC, ou o valor da exportação ao banco no vencimento do contrato, no caso do ACC ou do ACE, o contrato pode ser prorrogado por mais 360 dias. Além disso, o ACC ou o ACE podem ser cancelados através da assinatura de um novo contrato de cancelamento do contrato originalmente assinado. O cancelamento ocorre quando ambas as partes concordam em desfazer o contrato inicial. Nesse caso, o valor do adiantamento deve ser reembolsado ao banco, após ajuste pela diferença entre a taxa de câmbio *spot* do dia do adiantamento e a do dia do cancelamento, com pagamento do deságio, IOF e demais despesas financeiras incorridas.

7.2 TRAVA PREFIXADA DE EXPORTAÇÃO

Diferentemente da estratégia do adiantamento sobre contrato de câmbio, a *trava de exportação* é um recurso utilizado por exportadores que não necessitam do adiantamento do valor do contrato para uma data anterior ao recebimento do valor da exportação a ser pago pelo importador, podendo ser celebrada antes ou após o envio da mercadoria exportada. Nesta modalidade, o câmbio futuro é definido por um contrato que geralmente tem como base a taxa *spot* D+2 do dia da celebração do contrato. Assim, na liquidação desse contrato com o banco, o exportador terá garantida essa taxa *spot* sobre o valor da exportação, independentemente do valor da taxa de câmbio *spot* na data futura. Adicionalmente, o cliente recebe do banco um prêmio decorrente dessa trava de exportação, que corresponde a uma taxa sobre o valor do contrato, em termos da moeda doméstica, por um prazo equivalente ao prazo do contrato. Essa taxa pode ser prefixada ou pós-fixada.

A trava de exportação funciona como se o banco, de fato, tivesse convertido o recebimento futuro à taxa de câmbio *spot* no momento do contrato e aplicado o montante total, em moeda doméstica, à taxa prêmio definida no contrato. Diferentemente de um ACC, em que o valor contratado é convertido à taxa *spot* e disponibilizado ao cliente, para que ele possa aplicar em um CDB ou em outra opção de investimento disponível, a trava de exportação já define, além da taxa *spot* para conversão, o percentual que incidirá como prêmio sobre o valor contratado, convertido para a moeda doméstica.

Apesar de a trava de exportação ser mais rígida do que o adiantamento sobre contrato de câmbio (ACC), visto que já define uma taxa prefixada ou prêmio que incide sobre o valor contratado, é um contrato menos oneroso, já que não tem um custo associado em moeda estrangeira como o ACC, e que pode dificultar o *hedge* completo do contratante.

7.3 ESTUDO DE CASO: *HEDGE* DE UMA EMPRESA EXPORTADORA DE SOJA

7.3.1 Introdução

Este estudo de caso refere-se a uma empresa brasileira do setor de soja que usou *hedge* cambial com o intuito de se proteger de oscilações do câmbio que poderiam causar consequências negativas aos resultados financeiros da empresa.

Empresa X-Riskfree

A empresa X-Riskfree exportou, no dia 6 de junho de 2008, óleo de soja bruto à Holanda, com recebimento futuro esperado no valor de US$ 1.000.000,00, no prazo de 180 dias. Devido à incerteza com relação ao valor que US$ 1.000.000,00 seria, quando convertido em reais pela taxa de câmbio futura vigente ao fim de 180 dias, devido às possíveis oscilações cambiais, o diretor financeiro considerou as seguintes possibilidades de *hedge*:

7.3.2 Adiantamento sobre o contrato de câmbio e aplicação em um CDB prefixado

Primeiramente, consideraremos a combinação de um adiantamento do contrato de câmbio (ACC) com a aplicação do valor recebido em um CDB prefixado. Através do ACC, a empresa X-Riskfree consegue receber o valor adiantado, à taxa cambial *spot*, de seu recebimento futuro, junto a um banco. Posteriormente, a empresa pode aplicar o valor recebido em um CDB e pagar o custo do ACC no vencimento.

O diretor financeiro da X-Riskfree foi ao seu banco, onde lhe foi informada a taxa *spot* no dia 6 de junho de 2008, no valor de 1,6985. Dessa forma, o banco retornaria R$ 1.698.500,00 à empresa naquele momento através de um adiantamento sobre o contrato de câmbio; a empresa investiria o valor em um CDB que renderia 6,46% no período de 180 dias de investimento. Esse investimento levaria a um retorno de R$ 109.723,10 (R$ 1.698.500,00 multiplicado por 6,46%), o que, somado a R$ 1.698.500,00, resultaria no montante de R$ 1.808.223,10 no fim do período.

TABELA 7.2: CDB PREFIXADO

CDB (prefixado)	
Emissão	6/6/2008
Prazo	180
Principal em dólares	USD 1.000.000,00
Spot	1,6985
Principal em reais	**R$ 1.698.500,00**
Taxa CDB	6,46%
Juros	R$ 109.723,10
Valor bruto	**R$ 1.808.223,10**

Fonte: Elaborada pela autora.

Porém, a empresa arcaria com os custos de imposto de renda de 22,5% incidente sobre a renda de juros recebida através da aplicação CDB. Aplicando-se a alíquota de 22,5% sobre a renda de juros de R$ 109.723,10, obtém-se o valor de R$ 24.687,70, que, quando descontado do montante bruto de R$ 1.808.223,10, resulta no valor líquido de R$ 1.783.535,40.

TABELA 7.3: RESULTADO LÍQUIDO DO CDB PREFIXADO

Valor bruto	R$ 1.808.223,10
IR (22,5%)	−R$ 24.687,70
Valor líquido	R$ 1.783.535,40

Fonte: Elaborada pela autora.

Além disso, a operação de adiantamento cambial tem um custo associado dado por uma taxa prefixada que incide sobre o valor do contrato em moeda estrangeira, nesse caso de US$ 1.000.000,00. A instituição financeira informou a taxa prefixada 1,92242% para o período de 180 dias. Ao fim do período, a taxa de câmbio PTAX era de 1,695. Dessa forma, o custo realizado do contrato foi de R$ 32.585,02:

TABELA 7.4: CUSTO DO ADIANTAMENTO DE CONTRATO DE CÂMBIO

CUSTO DO ACC	
Taxa no período	1,922%
Custo (US$)	19.224,20
PTAX no vencimento	1,695
Custo (R$)	R$ 32.585,02

Fonte: Elaborada pela autora.

A tabela a seguir mostra o valor a receber da empresa X-Riskfree ao fim de 180 dias, equivalente a R$ 1.750.950,38, e que consiste no montante inicial convertido em reais pela taxa *spot*, de R$ 1.698.500,00, somado ao rendimento do CDB líquido de imposto de renda, de R$ 85.035,40, subtraído do custo do ACC, de R$ 32.585,02.

TABELA 7.5: RESULTADO LÍQUIDO FINAL DO ACC COMBINADO AO INVESTIMENTO EM CDB PREFIXADO

RESULTADO ACC + CDB	
Conversão inicial	R$ 1.698.500,00
Rendimento CDB	R$ 109.723,10
IR (22,5%)	-R$ 24.687,70
(+) Rendimento líquido	R$ 85.035,40
(−) Custo ACC	−R$ 32.585,02
Resultado	R$ 1.750.950,38

Fonte: Elaborada pela autora.

Dessa forma, o resultado para a empresa foi equivalente ao que se obteria se a taxa de câmbio no vencimento fosse de R$ 1,7509 reais por dólar. Entretanto, através da operação de adiantamento cambial, a empresa conseguiu reduzir grande parte de sua exposição cambial, ficando exposta apenas ao montante de US$ 19.224,20, referente ao custo do ACC em dólares, que deve ser pago em reais através da conversão pela taxa PTAX no dia do vencimento do ACC.

7.3.3 Trava prefixada de exportação

Diferentemente da estratégia do adiantamento sobre contrato de câmbio, a trava de exportação não adianta ao exportador o valor do recebimento futuro da exportação. Nesta modalidade, o câmbio futuro é definido por um contrato que tem como base a taxa *spot* D+2 do dia da celebração do contrato. No exemplo apresentado, a taxa *spot* D+2 é 1,70. Assim, na liquidação desse contrato com o banco, o exportador terá garantida uma taxa de câmbio de 1,70, independentemente do valor da taxa de câmbio *spot* nessa data futura.

Como o valor do contrato é de US$ 1.000.000,00 na data de liquidação, o cliente recebe esse valor convertido pela taxa de câmbio contratada, resultando num montante de R$ 1.700.000,00. Adicionalmente, o cliente recebe, por parte do banco, um prêmio decorrente dessa trava de exportação. Nesse exemplo, a taxa do prêmio (que incide sobre o valor do contrato em R$ na liquidação) é de 8,94% ao ano. Para uma operação de 180 dias ou 129 dias úteis, o cálculo desse prêmio é derivado da fórmula:

$$\left[(1 + 8,94\%)^{\frac{129}{258}} - 1\right] \times R\$\ 1.700.000,00$$

em que 129 equivale aos 129 dias úteis até o vencimento do contrato e 258 se refere ao número total de dias úteis no ano.

Dessa forma, tem-se:

TABELA 7.6: PRÊMIO DA TRAVA PREFIXADA

Câmbio travado (spot D+2)	1,70
Contrato (US$)	1.000.000,00
Contrato (R$)	R$ 1.700.000,00
PRÊMIO	
Taxa prêmio	4,37433%
Valor do prêmio bruto	R$ 74.363,61
IR (22,5%)	–R$ 16.731,81
Prêmio líquido	R$ 57.631,80

Fonte: Elaborada pela autora.

O valor total do prêmio (prêmio bruto) é de R$ 74.363,61. Subtraindo-se do imposto de renda sobre os rendimentos em aplicações financeiras, com alíquota de 22,5%, obtém-se um prêmio líquido de R$ 57.631,80.

Ao final da operação o cliente recebe o prêmio líquido, acrescido do valor do contrato convertido pela taxa de câmbio travada na data de negociação:

TABELA 7.7: RESULTADO LÍQUIDO DA TRAVA PREFIXADA

Valor na liquidação	R$ 1.700.000,00
Prêmio bruto	R$ 74.363,61
IR (22,5%) sobre o prêmio	−R$ 16.731,81
(+) Prêmio líquido	R$ 57.631,80
Resultado	R$ 1.757.631,80

Fonte: Elaborada pela autora.

O resultado de R$ 1.757.631,80 é o mesmo que seria obtido caso a taxa de câmbio no fim da operação fosse de R$ 1,7576318 por dólar. Porém, a empresa conseguiu eliminar toda a exposição cambial relativa ao recebimento futuro de US$ 1.000.000,00 através do contrato de trava cambial.

Existe também a modalidade de trava pós-fixada, em que normalmente o valor do prêmio é corrigido pela taxa DI, mas também pode ser corrigido pelo IPCA, IGPM ou outros índices.

7.3.4 Non-deliverable forward *(NDF)*

Como vimos, a estratégia consiste num acordo entre as duas partes envolvidas, em que a taxa de troca entre a moeda estrangeira e a moeda doméstica é fixada no início do contrato. No vencimento do contrato, ocorre apenas o recebimento do *payoff* do contrato pelo contratante, em caso de *payoff* positivo, ou pagamento do *payoff* do contrato, em caso de *payoff* negativo. O valor total da compra ou venda de moeda estrangeira contratada não é pago ou recebido. Porém, como foi ilustrado no capítulo anterior sobre *forwards*, a combinação do *payoff* do NDF com a negociação total de moeda estrangeira no mercado *spot* no vencimento do contrato leva a um valor equivalente ao que seria recebido em um *deliverable forward,* em que o montante total de moeda estrangeira contratado seria de fato recebido em um *forward* de compra ou repassado no caso de um *forward* de venda.

Se um agente contrata um NDF, ele pode ter como objetivo o *hedge* de sua exposição ao risco cambial, a fim de aumentar a previsibilidade do valor de seu fluxo de caixa futuro quando convertido para a moeda doméstica. Ou o contratante pode ter como objetivo a especulação cambial. Por exemplo, um especulador pode entrar em um contrato de venda de moeda estrangeira por NDF se ele acredita que a taxa *forward* oferecida é superior à taxa *spot* que vigorará no vencimento.

Suponhamos que uma instituição financeira ofereça ao diretor financeiro da empresa X-Riskfree um contrato de NDF à taxa de 1,7779. Ao final do contrato, é calculada a diferença entre a taxa de câmbio contratada (1,7779) e a PTAX dessa data de liquidação do contrato de câmbio futuro (1,695). A diferença entre esses valores (1,7779 − 1,695 = 0,0829) incide sobre o valor do contrato de US$ 1.000.000,00, resultando no valor de R$ 82.900,00. Esse valor é o *payoff* do contrato, que, sendo positivo, é recebido pela empresa exportadora e representa um ganho para ela. Dessa forma, na liquidação desse contrato, o cliente recebe apenas o valor contratado multiplicado pela diferença entre a taxa contratada e a taxa à vista ao fim do contrato, dada pela PTAX.

Dado que esse contrato resultou num ganho financeiro, ocorre a incidência de imposto de renda com a alíquota de 22,5%, que incide sobre o *payoff* de R$ 82.900,00. Dessa forma, o valor líquido do *payoff* é de R$ 64.247,50:

TABELA 7.8: RESULTADO LÍQUIDO DO *NON-DELIVERABLE FORWARD*

Contrato (US$)		1.000.000,00
Taxa contratada	1,7779	R$ 1.777.900,00
PTAX na liquidação	1,695	R$ 1.695.000,00
Payoff forward	0,0829	R$ 82.900,00
IR (22,5%) sobre o ajuste		−R$ 18.652,50
Net payoff forward		R$ 64.247,50

Fonte: Elaborada pela autora.

A empresa exportadora pode vender as receitas de exportação de US$ 1.000.000,00 à taxa *spot* de 1,695 no vencimento do contrato *forward*, obtendo R$ 1.695.000,00, que, somado ao *payoff* do *forward* líquido de imposto de renda, representa o resultado financeiro total de R$ 1.754.247,50:

TABELA 7.9: RESULTADO LÍQUIDO DO *NON-DELIVERABLE FORWARD* SOMADO À VENDA NO MERCADO À VISTA

Net payoff forward		R$ 64.247,50
Spot na liquidação	1,695	R$ 1.695.000,00
Saldo final		R$ 1.759.247,50

Fonte: Elaborada pela autora.

Dessa forma, o NDF associado à venda de U$ 1.000.000,00 no mercado à vista no vencimento tem um resultado financeiro total de R$ 1.759.247,50.

7.3.5 Comparação de estratégias de hedge *cambial*

Podemos agora estudar os resultados financeiros de cada uma das três opções de *hedge* cambial analisadas: no gráfico 7.1, a seguir, a primeira coluna corresponde ao adiantamento sobre contrato de câmbio combinado a um investimento em CDB; a segunda, à trava de câmbio prefixada; e a terceira, ao *non-deliverable forward*.

Vemos que a primeira opção analisada, de adiantamento sobre contrato de câmbio combinado a um investimento em CDB, leva a um resultado financeiro inferior ao das demais, principalmente devido ao deságio ou custo do contrato para a empresa. Porém, nem sempre o ACC é desvantajoso. Se ele fosse combinado com um investimento mais rentável do que o CDB ou se o *spread* cobrado no deságio fosse inferior, ele poderia se configurar como a melhor estratégia de *hedge* cambial. Além disso, muitas vezes as empresas precisam utilizar os recursos financeiros adiantados e obtidos através do ACC para viabilizar a produção e a comercialização dos produtos a serem exportados. Tanto a trava prefixada quanto o NDF dão subsídio para o *hedge* cambial, fornecendo recursos financeiros à empresa apenas no vencimento do contrato.

GRÁFICO 7.1: COMPARAÇÃO DE ESTRATÉGIAS DE *HEDGE* CAMBIAL

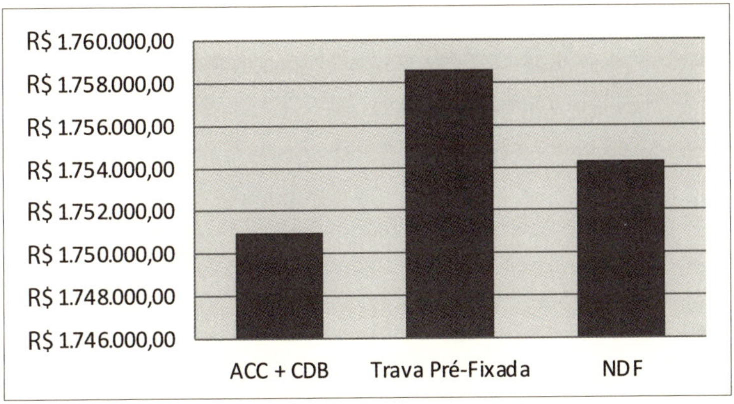

R$ 1.760.000,00
R$ 1.758.000,00
R$ 1.756.000,00
R$ 1.754.000,00
R$ 1.752.000,00
R$ 1.750.000,00
R$ 1.748.000,00
R$ 1.746.000,00
ACC + CDB
Trava Pré-Fixada
NDF

Fonte: Elaborado pela autora.

Entre a segunda e a terceira estratégia, nota-se que o resultado financeiro *ex-post* da trava prefixada foi inferior ao resultado do NDF. Porém, esses resultados são dependentes da taxa contratada e da taxa de câmbio no vencimento, que definem o *payoff* do NDF, da taxa de câmbio *spot* D+2 e da taxa do prêmio, que definem, por sua vez, o prêmio da trava prefixada. Dessa forma, a superioridade de uma estratégia de *hedge* em relação às demais deve ser analisada de acordo com as informações, possibilidades e expectativas de cada empresa em cada circunstância analisada.

8
RISCOS DO *HEDGE* ESPECULATIVO

8.1 INTRODUÇÃO

Nos capítulos anteriores, vimos a importância da utilização de instrumentos de *hedge* cambial para redução da exposição cambial de uma empresa que, por exemplo, opera internacionalmente, exporta, utiliza insumos produtivos estrangeiros ou financiamentos em moeda estrangeira, ou ainda que está exposta indiretamente a oscilações cambiais por conta da competição pelo mercado consumidor local com empresas internacionais. Para essa empresa, é muito importante realizar *hedge* cambial a fim de proteger seus ativos e passivos, seus fluxos de caixa e, dessa forma, garantir a sua continuidade.

Em contraposição, este capítulo tem como objetivo apresentar os riscos advindos da utilização de instrumentos de *hedge* cambial com o fim especulativo de aposta em ganhos financeiros atrelados a expectativas de movimentos cambiais futuros. O risco do *hedge* especulativo será apresentado através de estudos de caso da contratação inadequada de instrumentos de *hedge* cambial por duas empresas brasileiras: a Sadia e a Aracruz Celulose. Como veremos, os diretores financeiros dessas empresas contrataram instrumentos de *hedge* não somente para a redução da exposição cambial de fluxos de caixa futuros, mas também para a obtenção de ganhos financeiros cambiais.

8.2 CONTEXTUALIZAÇÃO

Entre agosto e outubro de 2008, o dólar teve uma alta repentina, passando do valor de aproximadamente R$ 1,60 para o valor de cerca de R$ 2,40. Assim, empresas que estavam com exposição elevada a variações cambiais e que apostaram na depreciação do dólar tiveram perdas financeiras significativas. Este é o caso da Sadia e da Aracruz Celulose: empresas brasileiras de grande porte que deixaram de operar no mercado de derivativos cambiais apenas para fazer o *hedge* de suas receitas de exportação, mas que passaram a especular significativamente a favor da queda de valor da moeda norte-americana em relação ao valor em que ela se encontrava até agosto de 2008. Dessa forma, essas empresas saíram de seus *core--business* para apostar na queda do valor do dólar. Como resultado, ficaram sujeitas a prejuízos financeiros significativos que levaram à incorporação da Aracruz Celulose pela Votorantim e à fusão da Sadia e da Perdigão. Para melhor entendimento desses casos, estudaremos o cenário macroeconômico em 2008, buscando então entender a falta de governança corporativa, evidenciada na contratação indevida de instrumentos financeiros que culminaram em elevada exposição cambial e grandes perdas financeiras.

8.3 CENÁRIO MACROECONÔMICO

Desde 2003, houve um grande aumento nas exportações brasileiras, partindo de US$ 73,084 bilhões em 2003 para US$ 160,649 bilhões em 2007. Ao mesmo tempo, houve uma significativa desvalorização do dólar diante do real: a taxa de câmbio passou de R$/US$ 2,89 em 2003 para R$/US$ 1,77 em 2007.[1] Tais fatores levaram as exportadoras a buscar proteção contra a queda do dólar a fim de enfrentar a queda dos valores de suas exportações em dólar.

A queda por um longo período levou algumas empresas a acreditar que a trajetória descendente continuaria. Essas empresas tomaram posições vendidas em dólar não apenas para se proteger contra a exposição cambial, mas também para especular a fim de obter lucros financeiros caso o dólar continuasse a perder valor.

A perda de valor do dólar nesse período esteve associada à política monetária expansionista dos EUA e à expansão de crédito a baixo custo. Nesse cenário de alta liquidez e incentivo ao consumo, muitos bancos americanos ofertaram, em larga escala, empréstimos hipotecários de alto risco com juros pós-fixados (*subprime mortgage*). Por sua vez, os imóveis adquiridos com os empréstimos funcionavam como garantia ao emprestador. A expansão desse tipo de empréstimo e a alta liquidez no mercado financeiro elevaram a taxa de inflação e os preços dos imóveis, permitindo aos emprestadores aumentar sua dívida dando o mesmo imóvel inicialmente adquirido como garantia.

A fim de captar mais recursos financeiros, os bancos venderam esses empréstimos hipotecários para securitizadoras, que, para diversificar o risco inerente a eles, criaram produtos de investimento a longo prazo compostos pela agregação de empréstimos hipotecários com graus diferentes de riscos. Na época, as agências de *rating* classificaram esses produtos como ativos muito seguros e de elevada rentabilidade, vendendo-os até mesmo para fundos de pensões.

Porém, em 2007, iniciou-se a crise do *subprime* nos EUA, quando o Federal Reserve aumentou a taxa de juros para conter a inflação.

---

[1] Banco Central do Brasil, 2020.

Nesse período, começaram a aparecer os primeiros inadimplentes dos empréstimos hipotecários, já que os juros dos empréstimos eram pós--fixados. O aumento da inadimplência foi acompanhado pela queda da demanda e dos preços dos imóveis. Em 2008 a crise estourou, já que os imóveis não valiam mais o correspondente ao empréstimo e a população não conseguia pagar as dívidas anteriormente contraídas, gerando a falência do Lehman Brothers e de outras instituições financeiras. Como resultado, houve uma contração exacerbada de liquidez no sistema financeiro e a redução das linhas de crédito disponíveis para empresas. Ao mesmo tempo, houve um aumento da aversão ao risco no mercado financeiro, a fuga de investimentos de ativos mais arriscados para ativos menos arriscados, como a venda em massa de ações e de títulos públicos de países emergentes para a compra de títulos públicos americanos, fenômeno denominado *flight-to-quality*,[2] e a correspondente valorização do dólar. O gráfico 8.1 mostra a queda do valor do dólar até agosto de 2008, quando se inicia a sua trajetória de valorização.

GRÁFICO 8.1: TRAJETÓRIA DA TAXA DE CÂMBIO NOMINAL R$/US$

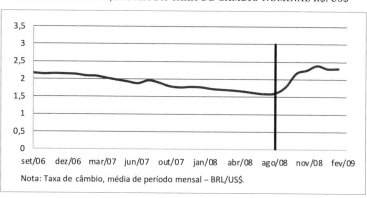

Nota: Taxa de câmbio, média de período mensal – BRL/US$.

Fonte: Elaborado pela autora. Dados do Banco Central do Brasil (2020).

[2] Caballero & Krishnamurthy, 2008, pp. 2.195-2.230.

Devido à aposta na continuidade da trajetória de desvalorização do dólar, empresas de grande porte, como a Aracruz Celulose e a Sadia, firmaram contratos de *target forward*, principal derivativo causador de seus prejuízos cambiais, e empresas médias, como a Tok&Stok, tomaram empréstimos bi-indexados. Neste capítulo, detalharemos a definição dos principais instrumentos financeiros utilizados.

8.4 ESTUDOS DE CASO: ARACRUZ CELULOSE E SADIA

Aracruz Celulose

A Aracruz Celulose, uma empresa brasileira produtora de celulose branqueada de eucalipto, registrou no balanço financeiro do quarto trimestre de 2008 perdas com operações cambiais, cujo valor chegou a mais de US$ 2 bilhões. A empresa ainda registrou queda significativa no valor de suas ações. As perdas financeiras foram tão relevantes que culminaram na venda das participações dos acionistas majoritários e na incorporação da empresa pela Votorantim Papel e Celulose.

Em 2008, a Aracruz tinha 92% de suas receitas operacionais brutas advindas de suas exportações. Mesmo com a crise financeira internacional de 2007/2008, que levou à queda da demanda internacional, a empresa apresentou uma receita líquida de R$ 3,7 bilhões em 2008, relativamente alta para o setor naquele ano. Apesar disso, a empresa passou a apostar em derivativos cambiais para aumentar os seus ganhos financeiros e compensar a queda de suas receitas de exportação em relação aos anos anteriores. A empresa aumentou muito as suas posições vendidas em contratos derivativos em 2008. Considerando-se o alto risco envolvido no investimento em derivativos financeiros, o motivo principal desses investimentos para empresas exportadoras deve ser o *hedge* de sua exposição cambial. Podemos entender a crise financeira da Aracruz como o descasamento do valor de sua posição líquida vendida em derivativos (posição vendida menos a posição comprada) em relação ao valor de seus ativos líquidos financeiros em dólar (principalmente receitas de exportação subtraídas de dívida em dólar). Esse descasamento, com a queda do dólar, resultou em um prejuízo financeiro de R$ 4,2 bilhões naquele ano.[3]

Sadia

A Sadia S.A. se configurava como uma das maiores empresas brasileiras produtoras de alimentos e teve um resultado operacional positivo em 2008, com receita operacional bruta de R$ 12,2 bilhões. Porém, a falta de governança corporativa levou a empresa a investir indevidamente em derivativos cambiais que aumentaram a exposição cambial da empresa. Por sua vez, a exposição cambial pode ser entendida pelo valor consideravelmente maior de sua posição líquida vendida (posição vendida menos a posição comprada) em derivativos em relação ao valor de seus ativos líquidos financeiros em dólar (principalmente receitas de exportação subtraídas de dívida em dólar). Com a redução do valor do dólar, essa exposição cambial levou a um prejuízo de R$ 2,5 bilhões.[4] O caso Sadia tem grandes semelhanças com o caso Aracruz, tendo a empresa investido em operações que resultariam em ganhos financeiros com a queda do dólar, mas em prejuízos, caso contrário.

As operações contratadas por ambas as empresas foram, principalmente, de *target forward*, empréstimos bi-indexados, *non- -deliverable forward* (NDF) e *swap* de dólar por CDI. O funcionamento de cada um desses contratos será explicado a seguir.

[3] Barreto, 2011.
[4] Idem.

8.4.1 Target forward

A principal operação estudada e fundamental para entender os altos prejuízos da Sadia e da Aracruz Celulose é o *target forward*.

O *target forward* consiste em um contrato de venda (ou compra) de moeda estrangeira a termo (*forward*) a uma taxa mais vantajosa do que a taxa que seria acordada em um contrato a termo: maior em um contrato de venda e menor em um contrato de compra de moeda estrangeira. Apesar de a taxa ser mais vantajosa para o seu detentor, o contrato impõe um limite superior de ganhos (*target*). Além disso, o contrato define uma alavancagem do valor nocional no cenário desfavorável para o detentor do contrato. Em um cenário favorável, o detentor do *target forward* pode vender (ou comprar) moeda estrangeira na quantidade definida como valor nocional em uma sequência de transações periódicas a uma taxa a termo mais vantajosa até que o limite superior de ganhos não seja atingido, momento em que o contrato é automaticamente terminado. O limite superior de ganhos pode ser definido no contrato tanto pelo número de vezes em que taxa a termo, chamada nesse contrato de *preço de exercício*, é melhor do que a taxa de mercado quanto por um valor de ganhos acumulados máximo ao longo do contrato. Para entender o funcionamento desse contrato, consideremos as possibilidades de um *target forward* de venda:

    a. Valor do dólar corrente inferior ao preço de exercício: nesse caso, o comprador do contrato venderá, pelo preço de exercício, a quantidade de dólares definida como valor nocional do contrato, obtendo lucro, visto que a venda ocorre a um preço superior ao valor do dólar corrente. O lucro é a diferença entre o valor do preço de exercício e o valor do dólar corrente, multiplicada pela quantidade de dólares vendida. Se o limite de ganhos definido no contrato for atingido, o contrato é automaticamente terminado.

b. Valor do dólar corrente superior ao preço de exercício: o comprador do contrato venderá, pelo preço de exercício, o valor nocional alavancado do contrato, sendo a alavancagem definida contratualmente. Nesse caso, o comprador do contrato terá um prejuízo, visto que a venda ocorre a um preço inferior ao valor do dólar corrente que ele poderia negociar no mercado. Além disso, deverá vender um valor maior do que o valor nocional (posição alavancada), a preço desfavorável.

O *target forward* de venda geralmente oferece um preço de exercício maior do que a taxa de câmbio que seria oferecida em um contrato a termo. Apesar disso, as desvantagens ao seu detentor consistem no estabelecimento de um limite de ganhos e de uma posição alavancada no cenário desfavorável, sem a imposição de um limite de perdas. Dessa forma, os ganhos são limitados, mas as perdas, ilimitadas.

Como exemplo, suponhamos que uma empresa exportadora firme um contrato *target forward* de venda de dólares com as seguintes especificações:

Preço de exercício: dólar a R$ 1,70
Valor nocional: US$ 100 milhões
Periodicidade: mensal com duração de 12 meses
Limite de ganhos: US$ 50 milhões
Valor nocional alavancado: duas vezes o valor nocional

Consideremos duas situações possíveis no primeiro mês de contrato: a primeira, em que o valor do dólar corrente ficaria abaixo do preço de exercício. E a segunda, em que o valor do dólar corrente ficaria acima do preço de exercício.

No primeiro caso, suponhamos que o valor do dólar no primeiro mês de contrato alcançasse R$ 1,20. Nesse caso, a empresa estaria em uma posição vantajosa, podendo vender US$ 100 milhões a R$ 1,70 em vez de a R$ 1,20, preço do dólar de mercado. A empresa venderia o valor nocional de 100 milhões de dólares, lucrando:

Lucro da empresa = (1,70 − 1,2) × US$ 100 milhões = R$ 50 milhões.

Como a empresa obteria o limite de ganhos contratual no primeiro mês, o contrato estaria finalizado.

No segundo caso, suponhamos agora que o valor do dólar no primeiro mês de contrato alcançasse R$ 2,20. Os ganhos do banco, vendedor do contrato, naquele mês seriam sobre o valor nocional alavancado de US$ 200 milhões:

Lucro do banco = (2,20 − 1,70) × US$ 200 milhões = R$ 100 milhões, e o contrato não estaria encerrado.

Nesse caso, a empresa exportadora venderia US$ 200 milhões ao banco ao preço de R$ 1,70, ao passo que poderia vender ao mercado ao preço de R$ 2,20. Dessa forma, os ganhos do banco são equivalentes às perdas da empresa exportadora. Como o contrato não impõe limite de perdas, o contrato continuaria válido.

Devido à alavancagem, o contrato *target forward* é semelhante à combinação da compra pela empresa exportadora de um contrato a termo de venda de 100 milhões de dólares com a venda de uma opção de compra de 200 milhões de dólares, a qual é exercida quando o dólar corrente sobe acima de 1,70 reais. As diferenças são, em primeiro lugar, que o preço de exercício geralmente é mais favorável para empresa e, portanto, maior do que a taxa oferecida por um contrato a termo de venda de mesma maturidade. Em segundo lugar, a empresa tem um limite de ganhos imposto contratualmente. Em terceiro lugar, a estratégia tem custo zero, pois nenhum prêmio é pago ao se firmar o contrato.

Nota-se que o contrato *target forward* de venda de moeda estrangeira dificilmente se constitui em um *hedge* completo contra exposição cambial para uma empresa exportadora, visto que impõe o limite de ganhos e um valor nocional alavancado para depreciações do dólar acima do preço de exercício. Se a empresa exportadora tivesse recebimentos de exportação esperados de US$ 100 milhões por mês, o contrato funcionaria bem para a proteção completa contra apreciações do real em relação ao dólar apenas no primeiro mês, visto que o contrato estaria terminado devido ao alcance do limite de lucros. Isso não seria um problema para a empresa, que poderia firmar um novo contrato a partir de então. Porém, o problema principal residiria na ocorrência de depreciações, em que a empresa teria que vender o valor nocional alavancado de US$ 200 milhões pelo preço de exercício. Nesse caso, a empresa venderia não somente a receita de US$ 100 milhões no mês a um preço desvantajoso como também diminuiria as suas reservas de dólar em US$ 100 milhões ou compraria, com recursos próprios ou emprestados, US$ 100 milhões adicionais pelo preço de mercado para a venda pelo preço de exercício.

Para cada centavo de depreciação do dólar acima do preço de exercício, o contrato implicaria uma perda financeira de R$ 2 milhões por mês. Se essa depreciação perdurasse por doze meses, a perda acumulada seria de R$ 24 milhões por centavo de depreciação. Voltando ao nosso exemplo, se a taxa cambial de 2,20 reais por dólar perdurasse por doze meses, a perda total seria de doze vezes R$ 100 milhões ou R$ 1,2 bilhão.

Apesar do risco elevado, muitas empresas, como a Sadia e a Aracruz, utilizaram essa operação em larga escala. O que atraía essas empresas era a imposição de um preço de exercício contratual maior do que o valor corrente do dólar no momento do contrato, e maior do que as taxas oferecidas em contratos de venda a termo, em um momento em que o valor do dólar em reais havia caído por um longo período. Os gestores financeiros dessas empresas apostavam que o valor do dólar não subiria acima do preço de exercício e continuaria a trajetória de queda observada até o momento do contrato. Isso os levava a acreditar também que os contratos de *target forward* tinham altos retornos esperados atrelados a riscos ínfimos.

8.4.2 Empréstimos bi-indexados à variação cambial

Nos empréstimos bi-indexados à variação cambial, o custo do empréstimo é uma função de dois índices econômicos: a taxa de câmbio e outro índice, como a taxa de juros de referência – a Selic, por exemplo – ou um índice de inflação – como o IPCA. Se o dólar permanecer abaixo de determinado patamar até o fim do contrato, o tomador de empréstimo arca com um custo relativamente baixo, pagando até mesmo taxas inferiores ao CDI. Porém, se o dólar subir acima de determinado patamar definido contratualmente, o custo do empréstimo aumenta devido à indexação cambial. Dessa forma, a indexação do empréstimo à variação cambial torna a escalada da taxa cambial (R$/US$) o principal risco para o tomador de empréstimo.

8.4.3 Non-deliverable forward (NDF)

O NDF é um contrato a termo no qual o contratante firma um contrato de compra ou venda de moeda estrangeira em uma data futura a uma taxa cambial previamente definida em contrato. A classificação como *non-deliverable* ocorre pois não há troca de moeda estrangeira em data alguma, apenas o acerto da diferença do valor da taxa cambial corrente no vencimento do contrato e da taxa cambial previamente contratada multiplicada pelo valor nocional do contrato, a favor da parte beneficiada pelo contrato. Por exemplo, se a empresa exportadora tem um recebimento de receitas de exportação de US$ 500.000,00 ao fim de dois meses, pode fazer um *hedge* hoje para garantir um recebimento certo em reais, vendendo US$ 500.000,00 através de um contrato *non-deliverable forward* a uma taxa cambial de R$ 5,50 por dólar para o vencimento em 60 dias. Como em um contrato a termo qualquer, se a taxa cambial corrente fosse R$ 5,00 no vencimento, a empresa receberia os ganhos de seu contrato referentes à venda de US$ 500.000,00 pelo valor contratual de R$ 5,50 em vez de R$ 5,00. Nesse caso, os ganhos seriam de R$ 0,50 multiplicados por US$ 500.000,00, portanto, de R$ 250.000,00. A empresa não entregaria dólares no contrato de *non-deliverable forward*, mas receberia os ganhos do contrato em reais. Note que, através desse contrato, a empresa teria realizado um *hedge* perfeito do recebimento de suas receitas de exportação, visto que, se vendesse o recebimento de US$ 500.000,00 à taxa cambial corrente no vencimento de R$ 5,00 por dólar, obteria R$ 2.500.000,00, que, somados aos ganhos do contrato de *hedge* de R$ 250.000,00, implicariam o recebimento total de R$ 2.750.000,00, à taxa contratada no contrato de *non- -deliverable forward*. Independentemente da taxa cambial corrente no final do contrato, o recebimento total da empresa pelas exportações somado aos ganhos do contrato seria o mesmo, de R$ 2.750.000,00. Dessa forma, o *hedge* eliminaria a exposição contratual da empresa relativa a seus contratos de exportação e tornaria certa a sua receita futura em reais.

8.4.4 Swap *de rentabilidade do dólar pela rentabilidade do CDI*

No *swap* cambial da rentabilidade do dólar pelo CDI, a empresa exportadora troca o recebimento da variação cambial de sua posição de recebimentos futuros em dólar, acrescidos de um cupom cambial, pelo recebimento da rentabilidade do CDI. O cupom cambial se refere à rentabilidade do valor de seus recebimentos de exportação em dólares aplicados no Brasil. Assim, se o dólar se desvalorizar, a empresa não sofre redução de receita, pois receberá apenas o valor fixo do CDI, protegendo-se da queda.

Considere o mesmo exemplo de uma empresa exportadora com recebimento em 60 dias de US$ 500.000,00 e a taxa cambial corrente atual no valor de R$ 5,50 por dólar, o que significa um recebimento de R$ 2.750.000,00 em 60 dias, se a taxa cambial permanecesse constante, considerando-se um contrato de *swap* cambial, sem entrega física presente, em que a empresa contrata o recebimento da remuneração da taxa CDI sobre o valor nocional de R$ 2.750.000,00.

Suponha que a taxa CDI no período de 60 dias fosse de 1,2%, o que significaria um valor total de recebimento para a empresa de:

$$Recebimento = R\$\ 2.750.000 \times (1 + 1,2\%)$$

$$= R\$\ 2.783.000$$

Se, ao fim do período, a taxa cambial fosse de 5,2 e o cupom cambial, de 1%, a empresa pagaria:

$$Pagamento = US\$\ 500.000 \times 5,2 \times (1 + 1\%) = R\$\ 2.626.000,00$$

Dessa forma, a empresa obteria lucro financeiro de:

$$Lucro = R\$\ 2.783.000,00 - R\$\ 2.626.000,00$$

$$= R\$\ 157.000,00$$

Note que esse recebimento compensaria a empresa pelas perdas devido à desvalorização do dólar no período.

Essa operação e o NDF foram utilizados em escala significativamente menor do que os contratos de *target forward* pela Sadia e pela Aracruz Celulose.

Comparação entre os casos, e a governança corporativa

Em ambos os casos, as empresas Sadia e Aracruz Celulose demonstraram falta de governança corporativa, já que não mensuraram os riscos atrelados ao uso de derivativos cambiais para especulação e não se protegeram da exposição cambial inerente a suas atividades operacionais. As empresas deixaram de se comportar como empresas não financeiras propriamente ditas para apostar em ganhos financeiros como fonte importante de renda. É evidente que elas se desviaram significativamente de suas atividades fins.

Como resultado, a Sadia reconheceu perdas financeiras de aproximadamente 760 milhões de reais devido ao uso inapropriado de derivativos, o que levou à demissão de seu CFO (diretor financeiro). Já o CFO da Aracruz pediu licença do cargo. Ambos ficaram sujeitos ao pagamento de multa tanto para a Comissão de Valores Mobiliários (CVM) quanto para as respectivas empresas. Além disso, as duas empresas acabaram não sendo capazes de se reerguer sozinhas: o Grupo Votorantim incorporou a Aracruz, formando-se a Fibria (FIBR3), e houve a fusão da Sadia com a Perdigão, formando-se a Brasil Foods (BRF).[5]

Quanto às diferenças, a Sadia agiu mais rapidamente que a Aracruz, tomando um empréstimo elevado para liquidar os derivativos cambiais logo em 2008, sendo beneficiada também por uma exposição cambial menor do que a da Aracruz.

O investimento indevido em derivativos cambiais por essas empresas foi possibilitado pela falta de regulação adequada da divulgação das demonstrações financeiras. Até aquele momento, não era exigida a especificação detalhada dos instrumentos financeiros utilizados por essas empresas.

Após o ocorrido, a CVM, por meio da Instrução n. 475,[6] exigiu que as empresas de capital aberto divulgassem em seu balanço informações sobre todos os instrumentos financeiros utilizados, além de um quadro de sensibilidade a todos os riscos envolvidos dentro de três cenários possíveis: o primeiro, de maior probabilidade; o segundo, relacionado à piora de 25% dos riscos envolvidos; e um terceiro, relacionado à piora de 50% desses riscos. O Bacen aumentou a supervisão bancária para que os bancos também reportassem um detalhamento de suas operações de derivativos. Além disso, a Anbima e a BSM melhoraram as suas normas de autorregulação, monitoramento e supervisão dos mercados. Por parte dos bancos, ficou evidente a necessidade da

[5] Alerigi Jr. & Teixeira, 2008.
[6] Comissão de Valores Mobiliários, 2008.

avaliação criteriosa do grau de exposição ao risco do cliente e da possível inadimplência, para os bancos, durante a negociação de derivativos financeiros. Através do estudo dos casos da Aracruz Celulose e da Sadia, vimos que o investimento de empresas não financeiras em derivativos cambiais deve ser feito com cautela, visto que, apesar de serem importantes instrumentos de *hedge* cambial, podem também atuar de forma reversa, aumentando a exposição cambial, reduzindo lucros e arriscando a saúde financeira e a continuidade das empresas.

REFERÊNCIAS BIBLIOGRÁFICAS

ABUAF, Niso & JORION, Philippe. "Purchasing power parity in the long run". *The Journal of Finance*, vol. 45, n. 1, 1990, pp. 157-174.
ADLER, Michael & DUMAS, Bernard. "Exposure to currency risk: Definition and measurement". *Financial Management*, 1984, pp. 41-50.
AGHION, Philippe *et al.* "Exchange rate volatility and productivity growth: The role of financial development". *Journal of Monetary Economics*, vol. 56, n. 4, 2009, pp. 494-513.
ALERIGI JR., A. & TEIXEIRA, M. "Sadia e Aracruz mostram que crise aportou no Brasil". *Reuters*, 26 set. 2008. Disponível em <https://www.reuters.com/article/business/sadia-e-aracruz-mostram-que-crise-aportou-no-brasil-idUSSPE48P0KT/>. Acesso em 5/8/2019.
ANDERSEN, Torben G. *et al.* "Micro effects of macro announcements: Real-time price discovery in foreign exchange". *American Economic Review*, vol. 93, n. 1, 2003, pp. 38-62.
BANCO CENTRAL DO BRASIL. "O mercado de câmbio brasileiro e o desenvolvimento do mercado de derivativos cambiais". *Estudo Especial*, n. 41, 2019a. Disponível em <https://www.bcb.gov.br/conteudo/relatorioinflacao/EstudosEspeciais/EE41_O_mercado_de_cambio_brasileiro_e_o_desenvolvimento_do_mercado_de_derivativos_cambiais.pdf >. Acesso em 10/5/2020.
____. *Relatório de Gestão de Reservas Internacionais*, vol. 11, mar. 2019b.
____. *Séries Temporais (SGS)*. 2020. Disponível em <https://www3.bcb.gov.br/sgspub/>. Acesso em 11/2/2021.

BARRETO, Rodrigo Garcia. *Operações de hedge cambial em empresas não financeiras: Um estudo de caso das empresas Aracruz Celulose e Sadia*. Escola Brasileira de Administração Pública e de Empresas. Fundação Getúlio Vargas, 2011 (Tese de Doutorado).

BRUNO, Michael. "The two-sector open economy and the real exchange rate". *The American Economic Review*, 1976, pp. 566-577.

BUSATO, E. J. et al. *Mercado de derivativos no Brasil: Conceitos, produtos e operações*. 1. ed. Rio de Janeiro: BM&F Bovespa/CVM, 2015.

CABALLERO, Ricardo J. & KRISHNAMURTHY, Arvind. "Collective risk management in a flight to quality episode". *The Journal of Finance*, vol. 63, n. 5, 2008, pp. 2.195-2.230.

COMISSÃO DE VALORES MOBILIÁRIOS. *Instrução CVM n. 475, de 17 de dezembro de 2008*. Disponível em <https://conteudo.cvm.gov.br/export/sites/cvm/legislacao/instrucoes/anexos/400/inst475.pdf>. Acesso em 12/12/2022.

DE GRAUWE, Paul & GRIMALDI, Marianna. *The exchange rate in a behavioral finance framework*. Princeton University Press, 2018.

DORNBUSCH, Rudiger. "Exchange rate economics: Where do we stand?". *Brookings Papers on Economic Activity*, v. 11, n. 1, Tenth Anniversary Issue, 1980, pp. 143-206.

EHRMANN, Michael & FRATZSCHER, Marcel. "Exchange rates and fundamentals: New evidence from real-time data". *Journal of International Money and Finance*, vol. 24, n. 2, 2005, pp. 317-341.

EVANS, Martin D. D. & LYONS, Richard K. "How is macro news transmitted to exchange rates?". *Journal of Financial Economics*, vol. 88, n. 1, 2008, pp. 26-50.

FROOT, Kenneth A. & RAMADORAI, Tarun. "Currency returns, intrinsic value, and institutional-investor flows". *The Journal of Finance*, vol. 60, n. 3, 2005, pp. 1.535-1.566.

GABAIX, Xavier & MAGGIORI, Matteo. "International liquidity and exchange rate dynamics". *The Quarterly Journal of Economics*, vol. 130, n. 3, 2015, pp. 1.369-1.420.

HARRIS, E. "History of the Chicago Mercantile Exchange". In: *Futures Trading in Livestock–Origins and Concepts*, Chicago: Chicago Mercantile Exchange, 1970, pp. 49-54.

KRUGMAN, Paul R. "Equilibrium exchange rates". In: *International policy coordination and exchange rate fluctuations*. University of Chicago Press, 1990, pp. 159-196.

KRUGMAN, Paul R.; MELITZ, Marc J. & OBSTFELD, Maurice. *International economics: Theory and policy*. 9th ed. Pearson Education, 2012, pp. 403-409.

LONDON METAL EXCHANGE. *About the LME*. London Metal Exchange, 2023. Disponível em <https://www.lme.com/en/about>. Acesso em 1/6/2023.

MEESE, Richard A. & ROGOFF, Kenneth. "Empirical exchange rate models of the seventies: Do they fit out of sample?". *Journal of International Economics*, v. 14, n. 1-2, 1983, pp. 3-24.

MSCI. *MSCI Emerging Markets Index*. 2021. Disponível em <https://www.msci.com>. Acesso em 1/7/2021.

MUSSA, Michael L. "The theory of exchange rate determination". In: *Exchange rate theory and practice*. University of Chicago Press, 1984, pp. 13-78.

OBSTFELD, Maurice & ROGOFF, Kenneth. "The six major puzzles in international macroeconomics: Is there a common cause?". *NBER Macroeconomics Annual*, v. 15, 2000, pp. 339-390.

VIEIRA, Flávio Vilela & MACDONALD, Ronald. "A panel data investigation of real exchange rate misalignment and growth". *Estudos Econômicos (São Paulo)*, vol. 42, n. 3, 2012, pp. 433-456.

WEST, Mark D. "Private ordering at the world's first futures exchange". *Michigan Law Review*, v. 98, 1999, pp. 2.574.

WORLD BANK. *World development indicators*. 2020. Disponível em <https://databank.worldbank.org/source/world-development-indicators>. Acesso em 20/4/2021.

Título	Redução de exposição ao risco cambial
Autora	Natalia Dus Poiatti
Coordenador editorial	Ricardo Lima
Secretário gráfico	Ednilson Tristão
Preparação dos originais	Luciana Moreira
Revisão	Matheus Rodrigues de Camargo
Editoração eletrônica	Ednilson Tristão
Design de capa	Estúdio Bogari
Formato	14 x 21 cm
Papel	Avena 80 g/m² – miolo
	Cartão supremo 250 g/m² – capa
Tipologia	Minion Pro
Número de páginas	144

ESTA OBRA FOI IMPRESSA NA GRÁFICA CAMACORP VISÃO GRÁFICA
PARA A EDITORA DA UNICAMP EM DEZEMBRO DE 2024.